PE. ANTONIO DE LISBOA LUSTOSA LOPES



# COMUNIDADES ECLESIAIS DE BASE

*Entre a utopia e a realidade*

EDITORA SANTUÁRIO

**Dados Internacionais de Catalogação na Publicação (CIP) de acordo com ISBD**

L864c Lopes, Antonio de Lisboa Lustosa

Comunidades eclesiais de base: entre a utopia e a realidade / Antonio de Lisboa Lustosa Lopes. - Aparecida, SP : Editora Santuário, 2021.
128 p. ; 14cm x 21cm.

Inclui bibliografia.
ISBN: 978-65-5527-073-0

1. Religião. 2. Cristianismo. 3. Comunidades eclesiais de base. I. Título.

2021-237 CDD 240
CDU 24

**Elaborado por Vagner Rodolfo da Silva - CRB-8/9410**

**Índice para catálogo sistemático:**
1. Religião : Cristianismo 240
2. Religião : Cristianismo 24

1ª impressão



Rua Pe. Claro Monteiro, 342 – 12570-000 – Aparecida-SP
Tel.: 12 3104-2000 – Televendas: 0800 0 16 00 04
www.editorasantuario.com.br
vendas@editorasantuario.com.br

# PREFÁCIO

Tempos difíceis estes em que vivemos. Não bastassem os enormes desafios sanitários e econômicos decorrentes do isolamento social, provocados pela pandemia do Covid-19, encontramo-nos mergulhados em uma rede de desinformação, recheada de mensagens falsas (*Fake News*) infiltradas nas redes sociais, tornando ainda mais dura a tarefa daqueles que lutam continuamente para preservar vidas e cuidar das sequelas físicas e econômicas dessa pandemia.

O esforço torna-se ainda mais árduo quando a elucidação do povo, pautada em fundamentos seguros fornecidos pela ciência e pelo uso da reta razão - necessários para mitigar os efeitos corrosivos da doença -, dá lugar a um redemoinho de inépcia, incompetência e perversidade, ideologicamente forjado por aqueles que o governam. A população lançada à deriva, como uma nau desgovernada, se vê distanciada do porto seguro da educação e do senso de cidadania. As nuvens carregadas apagam o brilho das estrelas que lhe servem de guia e os vagalhões tempestuosos agravam, ainda mais, o senso de segurança daqueles que se encontram no convés e percebem que há poucas boias e uma insuficiência de lugares nos barcos salva-vidas.

Essa metáfora se aplica, sem sombra de dúvidas, ao Brasil atual. Surpreendidos, como todo o resto do mundo, pela disseminação de um vírus letal, para o qual não havia medicamentos e nem vacinas capazes de vencê-lo, vimos nossa situação se agravar pela inoperância de um governo que, deliberadamente e por razões ideológicas, trocou três ministros da saúde em plena pandemia. O primeiro foi substituído por estar mais em evidência que o governante-mor, em razão de sua competência; o segundo, porque não quis lançar no lodo sua carreira de cientista renomado e ceder ao "tratamento precoce", sem respaldo científico, preconizado pelo presidente. Só restou o terceiro que, sem competência na área da saúde, colocou em dúvida a formação da Força Aérea Brasileira que lhe outorgou o título de especialista em "política e estratégia aeroespaciais". O colapso hospitalar do Estado do Amazonas e a morte em série por asfixia, causada pela falta de oxigênio numa ala inteira do hospital de Manaus, atesta a inépcia e a lambança de alguém que aceita um posto sem o mínimo de competência para tal, somente para servir aos interesses escusos de quem nos governa.

Como missionários portugueses em meio a marujos, que depois da tempestade avaliam o mastro destroçado, as velas retalhadas e o leme avariado, sem bússola e com o capitão do navio e sua comitiva desacreditados, o livro de Antonio de Lisboa Lustosa Lopes, mais conhecido nos meios acadêmicos como Pe. Lisboa, é a pequena, mas não menos brilhante, estrela de uma constelação a nos guiar e a nos auxiliar a sair da imensa nebulosa que nos envolve. Certamente, impulsionadas pelas imagens encorajadoras, sábias e expressivas do papa Francisco na Exortação Apostólica *Evangelii Gaudium* (2013) e nas Encíclicas *Laudato Sì* (2015) e *Fratelli Tutti* (2020), que nos exortam a sair da acédia (abatimento, prostração) e a nos colocar em saída, como Igreja Boa Samaritana a cuidar dos feridos pelo caminho, as reflexões do Pe. Lisboa apontam para o meio educativo, que há décadas resiste em solo latino-americano aos assaltos de sistemas políticos e econômicos autoritários e alienantes, formando consciências cidadãs sobre bases evangélicas.

Essa constelação, da qual este livro é uma estrela, chama-se Comunidades Eclesiais de Base (CEBs). Exaltadas de forma triunfante por uns, atacadas externa e internamente na Igreja por outros, as CEBs, trazidas à baila pelo Pe. Lisboa, são a referência de que necessitamos, no processo de evangelização desencadeado neste início de milênio, para vencer o cheiro crescente de morte que nos envolve, fomentado pela mentira e pela ausência de reflexão. Afinal, evangelizar em nome de Jesus não é anunciar um Caminho, pautado na Verdade, que nos conduz à Vida (Cf. Jo 14,6a)? Assim dizem as Orientações Pastorais dos Bispos reunidos na Segunda Conferência Episcopal Latino-americana, realizada em Medellín, Colômbia, em fins de agosto e início de setembro de 1968: "A Igreja toma consciência da suma importância da educação de base. Em atenção ao grande número de analfabetos e marginalizados na América Latina, a Igreja, sem poupar sacrifício algum, se comprometerá a promover a educação de base, que não visa somente a alfabetizar, mas também capacitar o homem para convertê-lo em agente consciente de seu desenvolvimento integral" (M, IV, [4.16], 1.7). Dando o *start*, ou seja, apertando o botão que dá início a um processo, a Conferência de Medellín desencadeia a formação de milhares de CEBs não somente pelo Brasil, mas por toda a América Latina e Caribe. As CEBs se apresentam, assim, como um espaço não formal de educação, porém não refratário à sistematização ou a um processo educativo pautado em um método. A educação desenvolvida nas CEBs parte da leitura da Bíblia, do conhecimento da história do Povo de Deus rumo à terra da Libertação, cujo processo salvífico, aberto a toda a humanidade, irrompe de forma plena na vida, paixão, morte e ressurreição de Jesus, o Cristo. Trata-se do estudo do querigma iluminando a vida concreta e da vivência concreta dando sentido à fé no querigma. Por meio do método Ver-Julgar-Agir, aperfeiçoado pelo padre belga Joseph Cardijn (1882-1967) na Ação Católica Específica (JEC, JUC, JAC, JIC), nas CEBs procura-se estudar a realidade (VER); discernir o certo do errado, o bem do mal, à luz da palavra de Deus (JULGAR); e, por fim, pensar propostas de transformação de si e da sociedade (AGIR).

Este livro nos recoloca no caminho das CEBs como espaço educativo de formação da consciência cidadã, pautada nos valores do Evangelho, em meio ao descrédito da Educação formal, cada vez mais elitista não na quantidade, mas na qualidade, reservando a boa e consistente formação somente às classes mais favorecidas. Mediante a falta de investimento maciço na educação fundamental pública, atualmente, boa parte dos professores, ainda que entre eles haja muitos heróis, não poucas vezes, fingem que ensinam os alunos que fingem aprender ou efetivamente não aprendem. Estes, impulsionados pela progressão continuada, vão se constituindo em analfabetos funcionais que exercem funções na sociedade, sem refletir, ou mesmo compreender, o seu real significado e as implicações sociais de sua atividade. Nos tempos em que o isolamento social era imposto não pelos efeitos atrozes da pandemia, mas pelos ditames da Lei de Segurança Nacional (LSN), que impedia a reunião ou associação de pessoas no período mais duro da ditatura militar (1969-1974), as CEBs criaram o espaço para que seus membros rezassem e, ao mesmo tempo, refletissem sobre o que significa realmente libertação e vivência da liberdade. Pe. Lisboa, nos comentários que faz sobre os relatórios finais dos grandes Encontros Intereclesiais, a partir das sínteses apresentadas pelos representantes das CEBs de todas as regiões do país, nos faz percorrer o itinerário de constituição das Comunidades Eclesiais em meio aos chamados anos de chumbo, sob o comando do General

Emílio Garrastazu Médici (1905-1985), e de sua resistência às perseguições políticas e à intimidação dos oficiais do Departamento de Ordem e Política Social (DOPS) e do Destacamento de Operações de Informação - Centro de Operações de Defesa Interna (*DOI-CODI*). Mediante tal histórico, pode-se imaginar a incursão na vida política, e particularmente na militância política, como uma decorrência natural de muitos membros das CEBs.

Os comentários pessoais do autor, desses e de outros temas, são decorrentes de reflexões bem fundamentadas em pesquisas documentais, pinçadas sobretudo de artigos publicados na Revista Eclesiástica Brasileira (REB) e de relatórios registrados pelo Serviço de Documentação (SEDOC) do Instituto Teológico Franciscano de Petrópolis, em uma escansão de tempo que vai desde o primeiro intereclesial, realizado em 1975 na capital capixaba, até o último registrado em 2005. Ainda que não tenha tocado diretamente na questão, as reflexões do Pe. Lisboa deixam entrever a dificuldade de a Igreja Católica lidar com o inevitável engajamento político de muitos de seus membros e de desenvolver um acompanhamento mais sistemático da mística dessas mesmas lideranças. Sem receber uma orientação precisa nesse aspecto, não foram poucos os líderes desestimulados a uma atuação mais efetiva na vida política ou mesmo afastados das funções na própria comunidade eclesial. O vácuo de católicos bem formados e atuantes nos meios políticos atuais, talvez, encontre nesse fato uma de suas razões, para não falar nas consequências dos dois documentos publicados pela Congregação para a Educação Católica, *Libertatis Nuntius* (1984) e *Libertatis Conscientia* (1986) dirigindo fortes críticas à Teologia da Libertação. O Combate à teologia latino-americana não poderia deixar ilesas as comunidades que efetivamente representam a aplicação daquilo que é refletido em conjunto nos encontros formativos, motivando e enriquecendo com novos matizes as estratégias de lutas dos movimentos populares e das pastorais sociais. É o processo educativo no cotidiano da Base, do qual nos fala Pe. Lisboa, como contraponto à formação proposta pelos intelectuais ilustrados, simpáticos às lutas dessas mesmas comunidades.

Enganam-se, porém, aqueles que pensam que Lisboa proponha um simples retorno ao que é apresentado por essa mesma intelectualidade ilustrada e sistematizado em artigos e demais publicações. O que ele nos propõe é antes uma análise de dois diferentes discursos: o da intelectualidade ilustrada, que fala *sobre* as CEBs, e aquele elaborado pelos representantes reverberando a voz dos membros *das* CEBS. Disposto em duas partes, o livro, primeiramente, convida-nos a analisar a reflexão daqueles que figuram no rol dos intelectuais ilustrados, os quais, ao sistematizar tanto os relatórios quanto as falas proferidas na "fila do povo", tendem à chamada "ilusão transcendental". No rastro das análises de Jung Mo Sung, Pe. Lisboa procura mostrar como nas reflexões dos assessores (intelectuais ilustrados) há certa idealização das CEBs, apresentadas como realização da utopia sonhada. Aprofundando o caráter irrealizável, mas metodologicamente necessário às lutas populares, Pe. Lisboa traz à luz os traços de projeções desses mesmos intelectuais sobre a realidade efetiva das CEBs, indo ao encontro à intenção inicial, que é a de dar visibilidade à organização popular, a partir do processo educativo nas CEBs. Mostra a elitização das lideranças que desautorizam as falas daqueles que, embora membros dessas mesmas comunidades, ainda não conseguiram assimilar o caminho de engajamento político como fruto de sua própria vocação batismal. Esquece-se de que as CEBs constituem o local do processo, do "ainda não", e não a realização plena do esperado, ou seja, do Reino de Deus. Em suas pesquisas, Pe. Lisboa resgata também falas, que eu diria críticas, aos moldes do filósofo alemão Emmanuel Kant, que, mesmo sendo moderno, operou uma crítica da Modernidade. Dentre as quais, cito as observações do teólogo belga, radicado no Brasil, Pe. José Comblin (1923-2011). Segundo ele, é necessário rever a representação nos Intereclesiais e o papel dos agentes na escolha dessa representação, pois parece que nem sempre a escolha faz jus à representação do que efetivamente ocorre nas CEBs.

A segunda parte, por sua vez, procura trazer à vista de todos os discursos dos membros das CEBs, bem como suas impressões sobre a caminhada delas e seus distanciamentos das impressões de certos intelectuais ilustrados. Estes, às vezes, não compreendem a necessidade simbólica do povo de externar suas percepções sobre a realidade e seu engajamento político inerente à proposta evangélica, por meio das celebrações, como se a expressão litúrgica tivesse resolvido virtualmente as contradições históricas reais, deixando realmente ilesas as injustiças sociais. Os discursos da Base mostram que não se trata de uma alienação, transpondo para a realização simbólica a suprassunção das contradições históricas. Ao contrário, para o povo da Base, tais celebrações são como que o alimento que dá impulso à mística guiando as lutas cotidianas em busca de melhores condições de vida, sobretudo para os pobres. Para além deste, muito outros temas são abordados pelo Pe. Lisboa nessas duas partes, e não tenho a pretensão e nem devo dar um *spoiler* do que virá a seguir. Em tempos em que os espaços virtuais têm tomado o lugar dos espaços reais, não somente agora, por causa da pandemia, mas muito antes dela, resgatar o espaço formativo real das Comunidades Eclesiais de Base na estrutura eclesial é da ordem do dia. Afinal, ele se constitui em um espaço privilegiado, possibilitando a formação de uma subjetividade cristã efetivamente livre. Não se trata de encontros formativos nos âmbitos das novas comunidades ou das comunidades evangélicas, onde a formação é unidirecionada e os formandos "atuam" passivamente frente ao que lhes é passado. No espaço das CEBs, o diálogo é linha mestra e o confronto entre a fé e as condições concretas da vida é cotidianamente experimentado e refletido. Nelas, há maior possibilidade de que a imagem do poliedro, utilizada pelo papa Francisco na *Evangelii Gaudium* (EG, 236), como representação eclesiológica em que todos os pontos de vista têm sua razão de ser, não seja somente uma figura de retórica, mas a concretização de que é no encontro entre palavra e gesto que cada um se testa e testa suas convicções, seja para saber se é um portador da palavra verdadeira seja para saber quem é que diz a verdade. E olha que em tempos de *fake news* isso não é pouco.

*Prof. Pe. Edelcio Ottaviani*
Líder do Grupo de Pesquisa José Comblin do PEPG da PUC-SP

# INTRODUÇÃO

O cristianismo é fundamentalmente uma realidade comunitária desde sua divina originalidade. Como lindamente diz Leonardo Boff, "não a solidão de um, mas a comunhão de três". E esta é a natureza da Igreja de Cristo: comunidade de irmãos que vive a experiência do amor e da solidariedade fraterna. Falar de Igreja é falar de comunidade não como uma ideia, mas como uma experiência concreta, de base.

Na tradição católica, desde os ecoares do evento conciliar do Vaticano II, emergiu uma experiência tipificada como Comunidade Eclesial de Base (CEB), que ficou notoriamente conhecida como CEBs. Essa experiência avolumou-se pelo Brasil e pela América Latina a partir da década de 1970. Inclusive, tornou-se uma instituição os Encontros Intereclesiais de CEBs e outros organismos de articulação dessas comunidades.

Evidentemente que a mudança de contextos e épocas atingiu profundamente essas comunidades, de modo a fazer-se necessário uma incursão pelas formas que perduram ou pelas novas maneiras que emergiram.

O que aqui se faz é uma leitura crítica daquilo que se converteu em demonstração de discurso referente a essa experiência eclesial, com um esforço de perscrutar os discursos sentenciados e os performáticos para deslindar uma possível relação entre eles. Para isso, serão tomados como instrumental teórico elementos dos estudos pós-coloniais e descoloniais, assim como o conceito de utopia como recurso epistemológico importante para a compreensão da realidade pastoral.

Acede-se ao fato de que há um discurso sobre as CEBs e um discurso das CEBs nem sempre intercambiáveis, cuja relação ou não relação pode fazer da utopia uma ilusão transcendental. Fundamentalmente, o que se busca é compreender que o senso de realidade e a utopia são elementos importantes no entendimento das práxis pastorais das Comunidades Eclesiais de Base de ontem, de hoje e de sempre.

# I

# A EVOLUÇÃO DO DISCURSO SOBRE AS CEBS OU O CRUZAMENTO DE ENDOSSOS E CRÍTICAS – O DISCURSO DOS ASSESSORES

Os novos ares do Concílio Vaticano II sopraram de modo singular na Igreja Católica Romana, na América Latina. Desde Medellín e Puebla – eventos continentais, que marcaram a história dessa igreja –, começou a surgir no seio dela um tipo de vivência eclesial que grassou chamar Comunidade Eclesial de Base (CEB); assim chamada por se tratar de uma organização de base, formada por pessoas pobres e associadas à causa do pobre (cf. BOFF, C. 1980, 597). O estilo de CEB criou como que uma corrente, na qual a prática pastoral ia se desdobrando em forma popular, deixando de lado a perspectiva propriamente institucional, em que as ações e decisões eram centradas no clérigo, tornando mais efetiva a posição dos leigos.

Há grande ênfase no caráter popular dessas comunidades de base, as quais, na visão dos assessores, dão constituição e visibilidade à Igreja na base. Como afirmou um bispo católico: "a experiência das bases está mostrando que a Igreja se faz melhormente

[sic] Igreja, na vida do povo, no chão dos pobres. Assim também o povo tem mais vez e se expande melhor, como povo, nos espaços da fé, na comunidade cristã de base. Uma Igreja-povo, um povo feito Igreja: eis a conquista ambiciosa, inacabada" (FERNANDES, 1981, 459).

Essa linha de pensamento vem ao encontro da descoberta do potencial do leigo, forjando a CEB como *componente definitiva* da Igreja Católica no Brasil (cf. FERNANDES, 1981, 456), em oposição a toda pretensa redução clericalista, que significa uma concepção de igreja, na qual o clero, indivíduos consagrados que assumem o sacerdócio como serviço, subsume todas as demais expressões que compõem a instituição eclesial, deixando de lado a imensa porção do povo que é de leigos. Em uma carta-relatório sobre as comunidades de base do Maranhão, Clodovis Boff afirma que "o trabalho com o povo obriga a deixar de lado as divisões e hierarquias", para aceder a uma compreensão de Povo com igual dignidade, carismas e serviços específicos (cf. BOFF, C. 1982, 659).

O marco fundacional, isto é, o momento histórico, quando tudo se iniciou, é o ano de 1975, quando pessoas ligadas a esse modelo de ação pastoral reuniram-se para trocar experiências. A partir daí, as CEBs foram se constituindo em uma nova forma de organização eclesial no interior das igrejas estruturadas, de modo forte dentro da Igreja Católica Romana. Nesse sentido, elas têm sido objeto de pesquisa e estudo, o que formou grande acervo de artigos, dissertações, teses e livros, tendo-as como referência.

Para falar do discurso sobre as CEBs, tomarei como referência principal os textos publicados na Revista Eclesiástica Brasileira, da Editora Vozes, a qual dedicou sempre uma atenção especial ao que era discorrido sobre essa instância pastoral, acompanhando o que emergia como reflexão na base e no entorno dos encontros (assembleias) regionais e nacionais, por meio dos enunciados dos assessores. Essa revista parece ter sido grande apoiadora das CEBs, pela sistemática publicação de artigos de intelectuais ligados a elas. Digo de intelectuais, porque, ainda que se encontre muitas vezes a fala do povo da base, a distância que o povo tem dos instrumentos de elaboração e publicação, pelo menos nesse tipo de artigo, torna-o dependente daquilo que é apreendido, interpretado e elaborado por intelectuais, que demonstram interesse pelo que apresenta.

O intuito na abordagem do discurso exposto em artigos, que foram publicados desde o início das comunidades de base, é devido ao fato dessa forma de composição referir-se mais propriamente às práticas pastorais, uma vez que os assessores-autores dos textos o escreveram por causa de sua experiência na proximidade com as CEBs e para corroborar ou refletir criticamente com o tipo de práxis que foi sendo desenhada por elas. Desse modo, os artigos estão relacionados às práticas em seus mais diversificados matizes, discutindo desde o envolvimento das comunidades com as lutas e os movimentos sociais, seus empreendimentos na popularização da leitura da Bíblia, às atividades de culto (liturgia), e assim por diante. Isso nos colocará diante da grande complexidade das práticas pastorais das CEBs e seu oneroso processo de institucionalização.

Na leitura dos discursos, iremos perceber as marcas dos momentos em que se davam as experiências, principalmente com respeito às lutas sociais e políticas. Dentro disso, o que parece que dinamizava as reflexões elaboradas pelos assessores, aquilo que dá indício de um *corpus teórico* em torno dessas práticas, são aqueles que foram denominados Encontros Intereclesiais, os quais, pela natureza de evento de massa, não deixaram de revestir as abordagens de certo entusiasmo por aquilo que era visto, com prospectivas que dão indícios de certo afã de mudanças estruturais.

A história andou e com ela a práxis religiosa das comunidades de base, o que resultou na formação de um percurso do discurso, com matizes diferenciados, conforme a evolução dessas CEBs. É possível que possamos considerar uma evolução do discurso com uma progressiva reconfiguração da proposta original ou encontrar questões recorrentes que, embora tenham ocorrido diversas mudanças nos níveis socioeclesiais, continuaram sendo apresentadas pelos assessores com a mesma relevância de antes.

Apesar da modalidade de Encontro Intereclesial ter sido iniciada em 1975, sem ter uma conotação elaborada como articulação, e, em 1976, no mesmo lugar do anterior, ter sido realizado o segundo encontro, foi somente no final da década de 70 e início da de 80 que emergiram reflexões mais sistemáticas sobre a questão, havendo poucos artigos em 1977 e 1978. Os intelectuais que participaram desde os primeiros eventos apresentavam suas impressões demonstrando entusiasmo com uma modalidade de prática pastoral considerada nova no conjunto da ação da Igreja. Isso é bem perceptível na afirmação de Libânio:

> CEBs são mais evangélicas por causa das notas evangélicas de alegria, esperança, entusiasmo, jovialidade, largueza de coração, boa nova apesar da opressão e certeza da vitória, apesar dos empecilhos, que nelas reluzem. E a figura nova da Igreja surge quando pobres e despretensiosos grupos de cristãos se reúnem até debaixo de uma mangueira para rezar, para ouvir o Evangelho, para testemunhar a fé em Jesus, para segui-lo (LIBÂNIO, 1981, 305).

Não totalmente isento da projeção triunfalista de CEBs, Clodovis Boff, prefaciando uma obra de Faustino Teixeira sobre os Encontros Intereclesiais, destaca que o cotidiano dessas comunidades é natural, por isso bem mais prosaico e laborioso, enquanto "as análises dos peritos nem sempre resistem à tentação de certo triunfalismo, também porque, como 'intelectuais orgânicos', objetivam apoiar e estimular o processo" (TEIXEIRA, 1996, 07). É como se a necessidade de incentivar o andamento das novas práticas justificasse apresentar aspectos inexistentes como reais para demonstrar a força das CEBs.

Paulatinamente, foi se desenhando a forma de articulação das CEBs, que deu origem aos Encontros Intereclesiais. No começo, os dois primeiros encontros de Vitória foram feitos como um ensaio de articulação, que não apresentava nenhuma pretensão de ser o que se tornou. A posição daqueles como sendo os primeiros intereclesiais deu-se a partir da leitura da história que foi sendo feita. O modelo de intereclesial como se tem hoje é o resultado de uma construção a partir da experiência, como se fosse gerada pela prática em si. O primeiro intuito de articulação de práticas foi avançando e ampliando para uma experiência eclesial que enfatiza o caráter popular e a força dessas práticas. Dentro disso, é possível perceber que esses eventos elucidam marcos que ajudam a compreender o percurso de modo mais comum.

Os intereclesiais foram ganhando força historicamente e se destacando pela inventividade e grande riqueza de simbologia e ação ritual. Isso causava furor nos participantes, principalmente, naqueles que provinham do âmbito acadêmico e viviam forte enamoramento com as CEBs. Alguns assessores se dedicaram a compor longos relatórios sobre esses eventos, introduzindo ao lado dos aspectos descritivos elementos de reflexão, que endossavam essas comunidades de base, assim como, algumas vezes, desenvolviam reflexões críticas ao redor de questões específicas, preservando o apreço e a admiração pelo que tinham diante dos sentidos.

Os assessores provêm de diversas áreas do conhecimento e possuem diferentes formas de aproximação do fenômeno. Com o tempo, os textos produzidos em torno dos intereclesiais tinham conotações pastorais, políticas, teológicas, sociológicas, litúrgicas. A produção bibliográfica sendo numerosa trouxe à tona, de certa maneira, a impressão de que naquelas comunidades de base nascentes eram os assessores que as gestavam, faziam crescer, além de indicar o futuro da caminhada, sempre na linha de reformulação do modelo eclesial vigente (PLOEG, 1986, 558). É possível que atrás dessas abordagens houvesse certa insatisfação com o modelo eclesial que existia e oposição às formas historicamente desenvolvidas das estruturas eclesiásticas.

No IV Intereclesial em Itaici (SP), em 1981, já vigorava grande interesse dos assessores na constituição das comunidades de base, o que fazia com que eles se posicionassem como observadores diante do desenrolar do evento, para captar melhor o sentido e formular suas descrições; sendo que estas aparecem marcadas pelo enamoramento entusiasta desses assessores com os objetos de sua observação.

Foi naquele evento de Itaici que os membros participantes reagiram ao mutismo observador dos assessores, questionando a respeito do motivo deles quererem guardar os conhecimentos para si e ainda tirando do povo seus conhecimentos para depois escrever livros. Contrapuseram-se a esse posicionamento afirmando que também o povo quer saber do conhecimento dos assessores para escrever seus próprios livros (cf. LIBÂNIO, 1981, 304). Como vemos, a ingenuidade não é a tônica comum do povo da base, pois ele também tem o que dizer de si e sabe reagir ao que dizem dele. Isso demonstra que não poderemos passar de largo da diferença que existe entre as posições que ocupam os assessores e o povo que milita nas práticas de base. Não dá para assumir um discurso e uma prática uniformes, mas precisamos perceber que são discursos e práticas diferentes que estão correlacionados de forma dinâmica e, muitas vezes, divergente.

Luís Fernandes, bispo católico, propõe um caminho metodológico para esse relacionamento do assessor com a base: "Sentimos, ao mesmo tempo, a necessidade urgente do apoio e da assessoria de bons teólogos, que saibam recolher esses conteúdos 'virgens', dar-lhes acabamento científico e sistemático e restituí-los às bases para realimentar a caminhada da fé, na vida do povo" (FERNANDES, 1981, 460).

Essa proposta de retroalimentação da vida das comunidades de base, por parte dos assessores, não parece demonstrada no discurso, uma vez que esse indica uma harmonia tácita, quando, de fato, ali é possível perceber divergências que podem estar ligadas à diferença de lugar e ao jeito de ver a história e os limites da ação humana. Esse último é um problema bem recorrente no discurso sobre as CEBs, pois não poucas vezes vamos encontrar uma descrição das práticas pastorais dessas comunidades como sendo um processo gradual de tomada de consciência das condições de opressão e exploração, empenho na luta para superação e projeto de libertação como caminho viável em termos históricos. Isto é, a maioria dos assessores apresenta a utopia como um projeto realizável mediante a superação radical da história e instauração de uma nova forma de vida, sem enunciar a existência dos limites concretos para essa realização.

Assim, considerando que a prática pastoral é uma ação material que comporta limites, por isso supõe meios de superação, é plausível que a utopia ou o sonho de transformação se constituem em um recurso epistemológico importante, pois é a partir da projeção da vida ideal que é possível conhecer a vida concreta. Isto é, o dar-se conta dos próprios limites e imperfeições mobiliza o ser humano para o engendramento de utopias que o ajude a lidar com os obstáculos intransponíveis no plano material.

Sem a utopia não é possível ao ser humano atuar de modo interventivo na sociedade, pois ficará preso ao que tem como dado e não proporá transformação. Sem conhecer seus limites uma prática não progride, e conhecendo-os ela só poderá superá-los se tiver clareza sobre o que é possível e o que não é. A utopia é a que orientará a prática, que definirá seu destino. Em se tratando da prática, é importante considerar que a imaginação utópica é uma instância presente na existência humana, e quando ela não acha lugar na história para se enraizar, vai atrás de tempos e lugares construídos pelo sonho. Por isso é mediante a utopia que o ser humano consegue transcendentalizar a realidade factível (cf. ROSSI, 2002, 80-100).

Agora, visualizando o percurso do discurso sobre as CEBs, esboçarei um esquema dos temas fundamentais que foram desenvolvidos pelos assessores, procurando apontar as diferenças que aparecem no discurso, a partir de cada tema. Como eu disse anteriormente, não parece haver uma evolução sincronizada, mas a formação de um discurso com divergências no modo de compreender o mesmo fenômeno.

## 1.1. Práxis religiosa como catalisadora da relação fé e vida

De início, um questionamento emerge no discurso com referência à origem da vitalidade das comunidades eclesiais de base, o qual é, às vezes, respondido com a afirmação de que a raiz é a mistura do evangelho com a vida, pois a fé faz com que a realidade seja vista em suas contradições e, desta compreensão, se passe à mobilização para a transformação (cf. BOFF, C. 1980, 598). Segundo Wanderley, "as experiências têm mostrado que as CEBs ganharam e vêm ganhando vitalidade quando procuram *responder a necessidades concretas*. É a partir dessas necessidades que há um crescimento progressivo, e quando as necessidades se tornam mais exigentes suscitam novas práticas e se buscam novas formas de organização do povo" (WANDERLEY, 1981, 689).

De acordo com esse pensamento, o cristianismo, enquanto experiência religiosa, carrega a força para conscientizar e mobilizar historicamente as pessoas. Muitas vezes, onde as organizações civis não existem, por isso não há quem promova a mobilização para a transformação, são as CEBs que fomentam a luta. Quando emergem grupos civis mobilizados e mobilizadores, essas comunidades retomam sua especificidade no nível de educar e celebrar a fé. Isso é o que Clodovis Boff denominou de *círculo virtuoso*, dialética de interação entre evangelho e vida (cf. BOFF, C. 1980, 598-604).

As CEBs suscitam em seus membros uma nova compreensão de fé ou, por assim dizer, uma nova forma de crer que se difere e se opõe à fé dos dominantes. Isso constitui a natureza popular dessa fé. "Ela passa a deslegitimar o projeto de dominação das classes dominantes e a legitimar, pelo mesmo movimento, o processo de libertação do povo oprimido" (BOFF, C. 1980, 596). Segundo C. Boff, o povo das CEBs intui que a expressão da fé está no campo das ações humanas; daí a afirmação de que administrar ou liderar bem é sinal da fé em Deus.

As metáforas para discorrer sobre o que ia sendo percebido eram diversas, todas encaminhadas para aceder a uma modalidade popular de eclesialidade e tipificação participativa de articulação política e social. Entre tantas figuras, uma bem própria do que desponta com as CEBs é a imagem da palhoça como nova configuração de templo e é inspirada pela organização dos grupos do VI Intereclesial (1986). Na palhoça, segundo Van der Ploeg, cruzam-se em um mesmo espaço o mundo e o tempo e isso propicia a superação do dualismo sagrado e profano com a constituição de comunidade no tempo, sem dentro nem fora, mas concebida como mediação e símbolo do mistério que se anuncia na experiência religiosa. A dimensão do mistério emerge em relação dialética com o sentido de comunidade na fala do povo da base, como diz o enunciado da fila do povo no VI Intereclesial: "Estou aqui, em primeiro lugar, em nome de Deus e, em segundo lugar, em nome de minha comunidade". Ou ainda: "Sinto a responsabilidade, como cristã, de puxar outros que estão de fora para entrar na grande estrada que leva à Terra Prometida" (Apud. PLOEG, 1986, 552/553).

Sobre isso é muito importante retomar o questionamento de Hugo Assmann, inspirado pelo mesmo evento intereclesial (VI), no qual ele pergunta sobre a influência da experiência de fé no conjunto das motivações que conduzem a determinada prática e não a outra. Aí ele discorre sobre a relação entre senso comum e consciência crítica, sendo o primeiro os elementos provindos de uma compreensão da realidade que possibilitam relações imediatas, ao passo que a segunda se liga à superação dos equívocos presentes no primeiro (cf. ASSMANN, 1986, 565). Nesse nível, Assmann apresenta:

> O que sobra do senso comum são basicamente duas coisas: as estruturas comunicacionais de arrancada a partir do cotidiano concreto e a afirmação do direito à vida e ao prazer de viver. Com esses materiais a fé cristã estrutura a esperança e a direção da caminhada. Remexe as motivações já presentes no cotidiano e as direciona com novo impulso e novas metas. (...)... os cristãos pobres, que lutam, sabem muitas coisas sobre o que, sofisticadamente, chamamos a experiência da transcendência no interior da história; sabem que a espiritualidade é uma dimensão essencial do engajamento político autêntico; não se chocariam se alguém lhes dissesse que só a santidade produz efeitos políticos irreversíveis (ASSMANN, 1986, 568).

Assmann assevera que nem sempre ao senso comum se opõe a consciência crítica, pois mesmo que ele não seja suficiente para uma mudança estrutural, é fundamental no nível da manutenção da vida do cotidiano da existência, "especialmente aqueles que têm a ver com a superação do desespero e com a organização mínima da esperança possível" (ASSMANN, 1986, 566).

Dentro da interação da experiência religiosa com a vida concreta, Libânio identificou dois tipos de comunidades de base que iam se formando. Um modelo surgia de "organizações que nasciam da Igreja", principalmente a partir da experiência de pequenos grupos de círculos bíblicos que propunham uma leitura da realidade pela bíblia e desta a partir da realidade; enquanto o outro provinha "dos movimentos populares, causados pelas necessidades imediatas e prementes" (LIBÂNIO, 1981, 287). Esses dois modelos se interpenetram e articulam o desenrolar do movimento popular. Como diz Libânio:

> Nesse sentido, as CEBs alimentam os movimentos e associações populares e são, por sua vez, alimentadas por eles. Os sindicatos ocupados por elementos da base desempenham papel de reforço e estímulo das CEBs, enquanto que elas os nutrem com líderes, pessoas comprometidas com as causas populares. Daí a importância atribuída por tantos relatórios às vitórias nas eleições sindicais e como o sindicato-pelego lhes é inimigo (LIBÂNIO, 1981, 291).

Essa estreita relação com os movimentos populares da sociedade civil caracteriza as práticas pastorais das CEBs como permeadas de lutas reivindicatórias, o que permitiu, em muitas situações, a visão delas como um partido político. Durante a realização dos primeiros intereclesiais, foi muito forte a ideia de que essas reuniões visavam à criação do partido das CEBs para o engajamento delas na luta política. Isso era bem reforçado pela presença de membros das CEBs em partidos políticos, assim como a candidatura de alguns para eleição de cargos públicos. Esse foi um problema presente nas CEBs desde o princípio (cf. SOUZA, 1981, 709). Não obstante isso, Libânio defende o contrário:

> A vertente de onde vêm as CEBs não se inclina para a política partidária, mas sim para as lutas reivindicatórias e sindicais. Por isso esteve e está longe, para não dizer definitivamente afastada, a possibilidade, esperada e provocada por uma imprensa sensacionalista, do nascimento de um grande partido das CEBs ou pelo menos de uma opção global delas por determinado partido (LIBÂNIO, 1981, 297).

Nas comunidades de base, o envolvimento com os movimentos de reivindicação e contestação desperta um forte questionamento para as dimensão pastoral da Igreja, uma vez que esta é vista em princípio como marcada pela conciliação e harmonia. Como assumir as comunidades de fé que têm em seu cotidiano a constante da luta? O compromisso com a mudança é, segundo o discurso dos assessores, despertado pela fé, pela leitura da Bíblia em comunidade e, em decorrência disso, vem a luta (cf. LIBÂNIO, 1981, 308).

Historicamente, as comunidades de base destacaram-se pela questão política, sendo essa temática presente desde a gênese até os tempos hodiernos. Por isso houve sempre grande insistência com o povo leigo de que se comprometesse com a luta política, seja no âmbito dos movimentos sociais, seja no de partidos políticos. Isso resultou no surgimento de atores que se identificavam fortemente com a luta política, ao ponto de se candidatarem a cargos eletivos. Esse destaque revela a configuração da estrutura eclesiástica que compreende tipos diferentes de fiéis em seu interior e isso repercute na organização das CEBs. O povo clérigo é absorvido pela instituição e encarregado do serviço ao povo, mas aconselhado a não se envolver de modo incisivo com a política. O povo leigo é também absorvido pela instituição, mas estimulado ao engajamento na luta política.

Isso faz surgir a pergunta sobre a forma de a instituição eclesiástica compreender seu envolvimento com o leigo, pois se esse avança na questão partidária, devido ao seu caráter secular, isso não traz implicâncias para a Igreja enquanto instituição religiosa. O que não pode ocorrer se for um clérigo, pois comprometeria. E aqui vemos a questão da diferença de lugar, pois se trata de uma distinção entre qual prática implica ou não a instituição. É diferente o lugar do clero do lugar do leigo, não apenas em nível de configuração de serviço ou função, mas em termos de qualificação na representação institucional.

Desde o começo essa situação evidenciou grande dificuldade de articular de modo propositivo a liderança política com a prática pastoral de base, o que causou distanciamento da base por parte desses líderes eleitos para cargos públicos. Essa questão deveu-se ao fato da dificuldade do candidato, que não conseguia mais articular bem sua agenda política com a prática pastoral, mas também ao fato das comunidades não saberem lidar com essa novidade, o que tornava evidente um esvaziamento da práxis pastoral do líder. Sobre isso afirma Betto:

> ... muitos de seus militantes são tragados pelo ativismo ao ingressar na esfera partidária e já não retornam à Igreja. Outros, servem de massa de manobra para certas tendências políticas, devido à ingenuidade com que atuam. Tais situações decorrem do fato de que, à porta do partidário, cada militante é obrigado a decidir por si mesmo, no risco de um "passo individual" que nem sempre coincide com a índole de seu trabalho pastoral (BETTO, 1986, 588).

Em um outro artigo, em que tematiza a mística e a política, Betto aponta para os caminhos e descaminhos do processo de militância cristã-política. Segundo ele, o contexto novo redefine a política como tal, com atores sociais e partidos políticos novos, mas trazendo, sobretudo nos anos oitenta, uma efetiva desfiguração eclesiástica do engajamento dos militantes. O recuo é das instituições, no que diz respeito ao apoio, formação e fomentação de militantes, mas também é dos militantes, na medida em que avançando o comprometimento político partidário, deixam de lado as mediações institucionais eclesiásticas. A contestação social não parece ser um papel só das Igrejas, pois outras instituições civis e partidos políticos assumem esse papel (cf. OLIVEIRA, 2004, passin).

A dificuldade está, também, na maneira indiferenciada de abordagem da política, como aparece no discurso dos assessores, pois parece indicar que toda a prática de CEBs, devido ao comprometimento com a libertação, seja política. Considerando tudo como política criamos uma confusão na linguagem. Por isso vejo que é importante esclarecer que há uma diferença lógica nos campos das lutas. As CEBs são instâncias de ação que estão dentro da sociedade civil. Ali existe a luta para ter o controle cultural da sociedade em cujo espaço se dão as lutas reivindicatórias junto ao Estado, e é aí que se inserem as práticas das CEBs. Mas existe o campo em que a luta é para ocupar ou tomar o poder no Estado, daí a partidarização, o que forma a sociedade política. Os militantes dessas comunidades, que se engajam nesse modelo partidário, compõem a sociedade política, enquanto as práticas pastorais das CEBs permanecem no nível da sociedade civil.

Por isso a preocupação muito presente no Movimento Fé e Política, que já vem dos primórdios das CEBs e diz respeito à formulação de uma *pastoral de militância*, na qual os membros de CEBs pudessem ser mais bem preparados para o engajamento na luta política, mas também para um acompanhamento da atuação desse no âmbito público, para que não ocorra um completo desligamento da base e, muito menos, o constatado esvaziamento da práxis pastoral. No entanto permanece a questão de não confessionalizar o partido político nem partidarizar a comunidade eclesial (cf. BETTO, 1986, 589).

Os assessores demonstram, sobretudo no início, uma confiança de que o projeto CEBs coincida com o projeto do socialismo. Chegam a afirmar que o "socialismo, como sistema social estabelecido, está por vir, mas como projeto já se faz presente. E esse projeto já vai tomando forma dentro do próprio processo histórico" (BOFF, C. 1980, 611). O horizonte histórico dessas comunidades é visto como realizável no plano concreto, uma vez que a libertação é compreendida como processo e resultado da luta. E a expressão dessa conquista é o Reino de Deus, assim como afirmam:

> Sem dúvida, a sociedade outra ainda não chegou, mas o Reino já chegou. Agora, sucede que no nível da história o Reino chega na medida em que o homem entra na caminhada libertadora do povo, isto é, na medida em que o homem se põe a lutar por uma sociedade nova e justa. Aqui a transcendência relativa, histórica, coincide com a transcendência absoluta e escatológica (BOFF, C. 1980, 612).

Ou ainda: "Os cristãos das CEBs sabem que a sociedade futura já está germinando no seio desta através de suas lutas. E sabem também que o Reino acontece lá onde os homens começam realmente a amar e lutar pela justiça, seja lá em que condições se encontrem e por quanto longe esteja a nova sociedade como sistema estabelecido" (BOFF, C. 1980, 613).

Com isso, vejo que é plausível que a caminhada seja entendida como direcionada para um fim, tenha uma meta; no entanto o que parece problemático é conferir perfil concreto à transcendência, pois levanta o questionamento acerca do que é entendido por horizonte utópico. Esse não pode ser reduzido a uma meta tangível, pois assim perderia seu caráter de utopia e cairia na ilusão transcendental, conforme o pensamento de Hinkelammert, que consiste no fato de assegurar conceitos imaginários como possíveis de realização concreta (HINKELAMMERT, 2002).

Para Hinkelammert, diante de limites intransponíveis no âmbito concreto, a continuidade da ação humana se dá mediante o recurso de conceitos imaginários que transcendem o limite material e apontam para aquilo que é impossível em plano concreto. Concordar que os limites materiais têm superação nesse mesmo plano é o que Sung chama de "ilusão da factibilidade humana dos conceitos transcendentais", a ilusão transcendental (SUNG, 2008a, 199).

Alguns posicionamentos vão se diversificando, mas algumas recorrências são bem perceptíveis, entre essas, a dificuldade em superar a compreensão de utopia tida como realizável. Mesmo quando vem à tona a definição de Reino de Deus como horizonte utópico, o que atravessa o discurso é uma concepção de que esse horizonte deixará de sê-lo, para se tornar realidade concreta mediante as práticas pastorais das CEBs. Essa é a crítica que Sung faz em sua obra *Teologia e Economia*, na qual demonstra que parte significativa da teologia da libertação cai na ilusão transcendental, insistindo em assegurar uma utopia supostamente factível, o que resulta na afirmação de que não há espaço para Deus, uma vez que o ser humano não tem limites para realizar o que deseja (cf. SUNG, 2008a, 219).

O que entra em questão nesse ponto é a práxis utópica das comunidades eclesiais de base e, principalmente, sua efetiva legitimidade. É necessário saber o que dá sustentação às motivações para a vida, pois a legitimidade da práxis utópica não se encontra nela mesma, mas no horizonte utópico. Essa práxis agrega um conjunto de práticas que têm na utopia o mecanismo de retomada da própria ação, para dar continuidade a ela de forma qualificada, refletida. No plano finito, essa práxis se rege não por metas factíveis, mas por conceitos transcendentais. Assim esclarece Hinkelammert:

> Efetivamente, a práxis utópica não tem legitimidade definitiva em si. É a única práxis humana legítima; mas não se pode legitimar a partir de si mesma. Para isso suas metas teriam de ser factíveis em plenitude. A práxis utópica se desautoriza constantemente quando se legitima por suas próprias raízes; assim está em perigo de transformar-se em mito com a tendência a solapar. Suas metas são legítimas por si mesmas, porque a utopia é a imagem da libertação definitiva do homem. Essa utopia não tem nenhuma necessidade de legitimação adicional. Mas a práxis utópica é diferente: embora não necessite de legitimação de suas metas, sem dúvida necessita de legitimação de sua práxis em função delas. Não sendo factíveis as metas, é mister legitimar os passos finitos dados para aproximar-se das metas infinitamente distantes. Embora a meta se desenvolva por meio da razão humana, é impossível derivar, em termos da razão humana, uma legitimidade da práxis utópica (HINKELAMMERT, 1983, 293).

Pois bem, se considerarmos que o sujeito humano se encontra inserido e envolvido em processos históricos, é importante termos clareza de que esse sujeito desenvolve práticas efetivas em meio aos limites comuns à realidade social e histórica. Devido a isso, o processar de práticas vai sempre colocar o sujeito diante de limites concretos, que poderão ser superados mediante ações concretas e outros limites que serão sempre intransponíveis, mas que despertarão para uma compreensão deles mediante uma projeção no nível transcendental.

O defrontar-se com limites intransponíveis movimenta o sujeito para imaginar um impossível, no qual ele possa alcançar ideais e conceitos universais, por meio dos quais poderá conhecer os limites que tem diante de si (cf. SUNG, 2008a, 198). Daí que a concepção de Reino precisa ir além da concepção de imperativo para constituir-se em mediação epistemológica, pois a descoberta da dignidade e da carência põe o sujeito diante das condições materiais de sua existência e das possibilidades reais de sua ação, o que faz com que ele busque em um "além", ou seja, no transcendente, uma resposta para suas questões.

O discurso de assessores enuncia a interação da fé e da vida nas comunidades de base, mas propende, majoritariamente, a cair na ilusão transcendental, principalmente quando recorre à categoria de Reino de Deus como elemento central da referida interação. Na maior parte do discurso há um endosso da forma de considerar como superáveis em termos concretos os limites intransponíveis na prática, isto é, ter como supostamente factível o que é impossível de se factibilizar. Por isso a definição de utopia parece fundamental para que a práxis religiosa seja realmente catalisadora da fé e da vida. Será necessário ver como a utopia, enquanto categoria epistemológica, pode ajudar na crítica da ilusão transcendental, nesse tipo de discurso e na proposta do caminho para a superação dos limites em forma adequada.

## 1.2. Práticas pastorais em termos de engajamento e poder

Na leitura do discurso de assessores, percebo que a comunidade de base, enquanto lugar das ações participativas e do desdobramento de práticas de libertação, é a realidade vivida e vista como passível de transformação, devido às deformações socioculturais, políticas e religiosas.

Nessa realidade, vejo que é possível distinguir quem vive ali, compartilhando o dia a dia, no engajamento da práxis, enquanto atores, dos que residem fora dos limites territoriais, mas participam do cotidiano das comunidades e são considerados agentes de pastoral. Entre os que vivem a cotidianidade histórica e geográfica, há os que se destacam como lideranças na dinamização das práticas pastorais, por isso são considerados animadores; são "pessoas que por sua atividade ou por sua influência moral dão ânimo à comunidade" (OLIVEIRA, P. R. 1981a, 647). No entanto há os agentes que apoiam, sem serem atores do cotidiano. Eles vêm do universo exterior à comunidade, com suas cosmovisões, seus instrumentais de análise e suas metodologias de ação, mas compartilham os ideais da base e aderem à práxis existente nas comunidades, tornando-se um educador externo, que apoia a base para que evolua em suas práticas.

Em abordagem sobre a questão das práticas pastorais das comunidades de base, Clodovis Boff faz ainda outra distinção: entre participantes e parceiros, assessores de base e assessoria ilustrada. A primeira é formada por indivíduos radicados no nível popular, próximos da base, ao passo que a segunda é feita de indivíduos da academia, que aderem ao projeto popular, sendo parceiros da base (cf. BOFF, C. 1982, 664). Sobre essa distinção, Libânio afirma a

> necessidade de conhecer-se melhor por parte dos agentes ilustrados as artimanhas e sutilezas populares. A nossa pedagogia popular ainda está capenga por falta de compreender e captar com maior clareza as finuras do "jeito popular" de fazer as coisas. Fomos de tal modo habituados aos meios ricos e às técnicas desenvolvidas, sobretudo em países de abundância, que nos sentimos perdidos diante da inventividade daqueles que dispõem unicamente de recursos pobres, de meios indiretos (LIBÂNIO, 1981, 308).

Não obstante isto, vejo que a diferença entre participantes e parceiros não pode prescindir de um terceiro elemento, que é o povo mesmo da base, que está imerso na cotidianidade, tem a sua prática pastoral, mas não é animador, nem agente, nem lidera, nem é intérprete-educador. Esse povo da base é visto pelos assessores como o sujeito da iniciativa popular sob a liderança dos animadores e o apoio dos agentes. Segundo os assessores, o agente de pastoral deveria conservar o papel de quem mobiliza, instrui para a práxis, e não deveria ser ele a deslanchar a iniciativa, mas conservar-se distante quando for necessário garantir o protagonismo da base (cf. BOFF, C. 1982, 670).

A distinção nem sempre foi mantida, pois houve quem definisse o povo como o verdadeiro agente condutor do processo de libertação. Para Pedro de Oliveira, "os bispos, agentes de pastoral, teólogos e outros assessores podem ajudar – ou atrapalhar – o processo de libertação; mas não podem conduzi-lo" (OLIVEIRA, P. R. 1981b, 658). No entanto essa afirmação demonstra uma tonalidade de ideal mais do que de constatação, já que é bem plausível o fato de que esses sujeitos podem intervir e, muitas vezes, até conduzir as práticas pastorais das CEBs, haja vista os conflitos e desafios enfrentados no relacionamento delas com a hierarquia eclesiástica e outros agentes de pastoral. O presente do indicativo parece poroso de futuro do pretérito, manifestando o desejo de que não haja intervenção direta para que as práticas sejam efetivamente da base. Nesse modo de ver, o ideal é que eles não deveriam conduzir o processo que deveria ser da base.

Ao que podemos ver, por meio do discurso, essa força do povo das comunidades vem da forma como os membros atuam em seu interior, em plano de igualdade, com lideranças exercidas em sintonia com as intenções da comunidade. É uma visão bem triunfalista da práxis das comunidades, pois enuncia um tipo de articulação perfeita entre o povo da base e seus líderes. E, sendo perfeita sincronia esse relacionamento, não aparecem contradições, nem mesmo aquelas provindas dos limites da realidade material. A comunidade surge como dotada de plenos poderes na deliberação sobre suas práticas e protagonista completa do processo de emancipação. É tácito para aquele assessor essa configuração de sincronia perfeita, basta ver sua afirmação de que: "O fato de ter influência na comunidade, o fato de exercer uma liderança, não dá à pessoa o direito de decidir pelos outros ou de tomar iniciativas em nome da comunidade. A pessoa só tem influência na medida em que sua prática e suas palavras estão de acordo com os interesses da comunidade" (OLIVEIRA, P.R. 1981b, 657).

Devido à insistência em uma perspectiva triunfalista, vejo que é necessário considerar que o exercício do poder tem sido sempre uma questão difícil dentro das estruturas eclesiásticas, e inclusive as comunidades de base tiveram de enfrentar essa problemática. Com a emergência de iniciativas diversas, dentro dos grupos de base, houve certa tipificação de poder nas figuras de pessoas que passavam a assumir lideranças no interior das comunidades e nas relações dessas com as frentes constituídas de poder institucional. Por isso uma forma de fazer jus ao que ia aparecendo e proporcionar o despertar de autoconsciência do povo de suas próprias forças foi o *treinamento de líderes*, figuras capilares no processo de formação das comunidades. Era um treinamento feito tanto por agentes, quanto pelos assessores. Em nível pequeno e médio, a articulação local garantia que agentes próximos à experiência de base ajudassem na preparação. Esses agentes, por sua vez, recebiam formação dos assessores em nível regional, estadual e nacional, mas, por vezes, eventos locais eram assessorados por algum intelectual e nisto também se dava o treinamento de líderes.

Os líderes emergiam por disposições pessoais que eram postas a serviço de todos, ou pelas necessidades que apareciam e levavam o grupo a escolher quem liderasse o que devia ser feito. Porém isso não isentou as comunidades de base de uma desfiguração daqueles que deviam exercer o papel de líderes que promoviam a participação e o envolvimento de todos e, aos poucos, passavam a usurpar das condições que tinham para exercitar um poder de domínio, reproduzindo em nível menor aquilo que grassava no âmbito maior da instituição católica. Isso é esclarecido por Hoornaert que, sem aduzir uma perspectiva ingenuamente triunfalista, destaca:

> Assim como o clero se reservou durante séculos o monopólio da produção ou "administração" dos sinais da graça (sacramentos) e da Palavra de Deus constituindo-se desta forma em grupo socialmente privilegiado e politicamente central, assim também os líderes passam facilmente a manipular o pouco poder que lhes é atribuído, nem que seja o de usar da palavra durante as celebrações eucarísticas. Em ambos os casos o povo fica por fora como eterno "ouvinte" e "contribuinte". Este fenômeno se agrava quando o líder ou monitor é homem diante de um grupo de mulheres, como frequentemente acontece (HOORNAERT, 1978, 488).

Essa problemática cresce, segundo esse assessor, pela mentalidade de diversos *agentes de pastoral* de que o povo carece de algo, carece de formação, por isso eles precisam comunicá-lo sobre o que falta para que o povo seja formado e conscientizado, saindo assim de um estado de "ignorância". O que é demonstrado por Betto, quando diz que é preciso "incrementar a prática social das CEBs, complementada por um mínimo de formação teórica. A falta desse "mínimo" produz fenômenos negativos, como o espontaneísmo, o basismo e o vanguardismo" (BETTO, 1986, 584). O próprio conceito de treinamento de líderes torna patente a visão de que as comunidades não carregavam consigo as condições suficientes para fomentar todos os elementos necessários para sua constituição enquanto organização de base. É até contraditório com afirmações vistas anteriormente de que elas detinham consigo força suficiente para propor, deslanchar e conduzir um processo de libertação.

Isso parece indicar que existem tensões entre os próprios assessores, uma vez que nem todos compartilham da perspectiva triunfalista, e existem os que aderem ao projeto CEBs sem eximir-se da necessária dupla-crítica, ou seja, um olhar avaliativo sobre as estruturas hegemônicas, por isso, de certa forma, externas ao microssistema de CEBs, e também um olhar na mesma linha sobre as estruturas de base dessas comunidades e o modo como elas vão se sedimentando em seu interior. É importante vermos que existe quem enuncie o discurso, tendo como referência o espírito das CEBs, e aí possa haver justificativa para uma inclinação triunfalista e quem discorra sobre elas tendo presente sua natureza organizacional e que, deparando-se com contradições próprias de toda organização social, seja mais autocrítico.

Tudo isso demonstra que, não obstante tenha havido sempre grande interesse da parte de assessores e agentes de pastoral pela cultura do povo, não houve suficiente compreensão e aceitação de sua religiosidade, sua maneira de compreender e se relacionar com o mundo, assim como suas formas de organização. Atores ilustrados demonstram dificuldade de transpor os limites da ideologia hegemônica e compor um movimento de desideologização, superando a dicotomia entre uma parte supostamente sabedora e ativa e outra parte passiva e desprovida de saber.

Os animadores, agentes de pastoral e assessores das comunidades de base reforçaram, ao longo dos anos, que as práticas pastorais desse modelo eclesial se constituíram em um divisor de águas, o que aparece explícito na linguagem quando é feita distinção entre o antes e o agora. Clodovis Boff chega a dizer que elas são forjadoras de mentalidade e prática novas. O que indica uma visão de um povo não sujeito, mas objeto no modelo anterior e de um povo sujeito no modelo de CEBs. Algumas vezes tudo isso é visto como um processo dinâmico, portanto algo inacabado, em construção, mas não são poucos os discursos que afirmam essas práticas como a realização do sonho, o desejo tomado pelo existente, inclusive do próprio autor agora citado (cf. BOFF, C. 1981, 731).

Aqui eu levanto a questão sobre a importância do ritmo do povo nesse processo ou em que níveis esse ritmo é levado em conta. Em visita a uma considerada igreja de base, um assessor enuncia atitudes suas que considerou verdadeiras *gafes* de ilustrado diante da base, junto ao povo. Ele diz:

> Tem-se vontade de logo dizer e fazer o que o povo "deve" dizer e fazer. Lembro-me que na Gázea caí por duas vezes nesse erro: revoltado por verificar o nível de opressão do povo, abri o verbo e larguei sobre os que me rodeavam duas ou três profetizadas contundentes, que logo se mostraram assustadoras e inoportunas. (...). Foi tão pesada a pressão, que a um dado momento os lavradores se levantaram, pegaram seus chapéus de palha e alegando respeitosamente algum compromisso, me deixaram no auge de minha peroração indignada (BOFF, C. 1981, 737).

Em diversos momentos em que se encontram agentes, animadores e assessores para discussão das práticas, emerge com certo vigor discrepância de análises da realidade, pois algumas situações vistas e apresentadas como contradições presentes nas práticas pelo assessor, não são percebidas nem enumeradas pelo povo. Daí a formulação de C. Boff de que existe "questão que não é questão". O que deveria conduzir a uma avaliação acerca dessa diferença de lugar que proporciona diferença de percepção, pois em diversos discursos emerge uma leitura e proposta de avaliação da realidade como sendo de CEBs, quando se trata de uma leitura exterior, feita pelo agente ou pelo assessor, mas que não expressa a percepção do povo das comunidades (cf. BOFF, C. 1981, 738). Em pontos do discurso parece haver esta consciência da parte da assessoria:

> ... às vezes ficamos na pura relação de "conscientização", em "elevar o nível de consciência do povo". Seguimos aqui nosso preconceito de classe: o intelectualismo, primogênito do racionalismo, embora com roupagens religiosas. É preciso, contudo, armar não só a *inteligência* mas também o *coração* do povo, com a chama do entusiasmo, da dedicação, da esperança, da fé e do amor libertador. Não se pode ficar apenas na exigência, na cobrança, sob pena de virarmos fiscais desalmados (BOFF, C. 1981, 739).

Pelo discurso posso entrever que há uma inclinação em não considerar a efetiva configuração de diferenças internas. Os que lidam com as comunidades de base, tanto no contato direto na cotidianidade (animadores e agentes de pastoral) como no contato relativamente direto e muito mais mediado (assessores), consideram-se a todos como parte das CEBs. Quem é e quem não é de CEBs, eis a questão que esteve muito presente no final da década de setenta, nos anos oitenta e noventa e, com bem menor intensidade, atualmente. Não foram poucas as investidas em caracterizar esse nível de pertença com roupas estilizadas de figuras e dizeres relacionados à pastoral popular e à luta social e até a identificação do "anel de tucum", como sinal de quem estava comprometido com a causa do povo pobre e, como desdobramento natural, com a causa das comunidades de base.

Ora, mesmo enunciando a percepção dessa diferença, a proposição citada acima demonstra que existe na consciência do assessor a mentalidade de que há uma carência no povo em relação à prática e a reflexão sobre ela, a qual pode ser supressa pelo assessor, detentor dos elementos supridores. Não é que, para o assessor, o povo seja inconsciente, mas que a consciência que ele tem "para si" não percebe a classificação social e outras questões relativas ao tipo de sociedade em que se encontra, que é a consciência "em si"; e, nesse caso, conscientizar implicaria em ajudá-lo formar uma consciência "em si – para si". No entanto isso não se coaduna com afirmações que aparecem em diversos discursos de que a "hegemonia da condução está nas mãos da própria base" (BOFF, L. 1983, 460). Nesse sentido, em que consiste mesmo o papel do encontro da ilustração com a base? Com relação aos desdobramentos, há assentimento de que ocorreria no universo pastoral das CEBs uma ascensão da base concomitante a uma descensão da cúpula, como enuncia Leonardo Boff:

> Os assessores se distribuíam pelos grupos e somente falavam em plenário quando convocados pelas bases. Numa palavra, os bispos desceram até o nível do povo e o povo subiu até o nível dos bispos. Este encontro foi por excelência o encontro da integração de toda a Igreja-Povo de Deus. Nas entrevistas à imprensa ao lado do cardeal falava uma mulher do povo, junto do teólogo estava um camponês e nas celebrações ao redor do altar estavam os bispos e sacerdotes celebrantes, mas também os leigos que coordenavam, dirigiam as funções e distribuíam a palavra a todos (BOFF, L. 1983, 460).

O que é, então, a base? Os discursos propõem que há uma diferença fundamental entre a base e a cúpula, e que aquela é a emergente nesse processo de CEBs, que poderá proporcionar uma revisão da grande estrutura e, em decorrência, uma transformação da instituição eclesiástica e da sociedade. Com relação ao nível eclesiástico, o sentido de pertença à base é assim apresentado por L. Boff:

> Neste novo modo de ser Igreja, os bispos, padres e religiosos pertencem à base quando entram na caminhada das comunidades eclesiais, despem-se dos títulos de poder, se fazem realmente irmãos de outros irmãos de fé; são pelos membros das comunidades assumidos como pastores que animam na fé e representam no meio deles a dimensão vertical da apostolicidade, ligada à grande tradição, e a dimensão horizontal da catolicidade e da universalidade, como ponte de ligação às demais Igrejas e ao centro de unidade que está na Roma dos Papas (BOFF, L. 1983, 464).

Essa pertença aponta para a compreensão de que existe uma complementaridade de funções que propicia uma transformação em nível de superação das divisões comuns nas estruturas eclesiásticas tradicionais. Betto assegura que, em termos metodológicos, a prática pastoral de CEBs propicia um reposicionamento do poder e do saber do povo, com a devolução dos deles aos subalternos, membros das comunidades de base (cf. BETTO, 1983, 496). Ou seja, é como se neste universo todos vivessem, ao mesmo tempo, a ação de ensinar e de aprender; porém, mesmo que isto seja posto, em diversos pontos do discurso a compreensão apresentada aponta para a velha visão dicotômica do ensinar e aprender unidirecionado. A própria ação de devolver indica que a diferença de lugar é capilar na relação polarizada e na compreensão da realidade.

O estilo de assessoria de CEBs, conservada até os dias atuais, indica que, na verdade, há um assentimento tácito de que essas comunidades apresentam configurações de um poder popular, mas carregam consigo grandes dificuldades de sustentar esse modelo em termos de organização e estruturas. A afirmação de Leonardo Boff de que os representantes oficiais da Igreja Católica "despem-se dos títulos de poder", quando se aproximam e se identificam com a caminhada das CEBs, traz nela uma contradição, quando afirma "pertencem à base" e são naquele meio a presença da dimensão "vertical" e "horizontal", que liga as CEBs às demais Igrejas Locais e à Igreja Primaz, Roma.

Isso me faz perguntar em que níveis se deu ou se dá essa identificação e pertença, pois como é que eles poderiam servir como mediação conectiva da base com a cúpula se teriam renunciado aos elementos identitários do poder em sua configuração hierárquica? Talvez possa ter havido experiências de aproximação e solidarização de membros da hierarquia e isso pode estabelecer um vínculo que possa ser considerado pertença, o que não poderia ser considerado como identificação, uma vez que se trataria de renunciar a elementos essenciais da hierarquia, portanto identitários, para assumir a essencialidade identitária das comunidades de base.

O discurso sobre as CEBs enuncia que ao longo dos intereclesiais vigorou a tônica da preponderância dos "interesses populares" sobre todas as demais temáticas, endossado de modo específico pela assim chamada *tomada de palavra*, a qual encontrou instância concreta na famosa *fila do povo*, na qual as pessoas participantes dos eventos se inscreviam para dizer sua palavra. E o interessante é que, gradualmente, foi se institucionalizando certo nivelamento de participação, pois fosse alguém do povo simples, animador ou clérigo, todos precisavam ingressar nessa fila para poder falar nos momentos de plenários. No entanto quero destacar que a assessoria tinha singular participação, pois era quem discorria sobre temas, quando isso havia, e quem retomava elementos oriundos das discussões em pequenos grupos e em plenários, tendo sempre um "a mais" de palavra com relação aos demais participantes.

Há sempre uma ênfase no discurso de que o modelo eclesial configurado nas CEBs tem caráter popular e participativo, mas não antitético com relação à oficialidade, pois era bem acentuada a ideia de que elas se constituíam em uma mediação importante para a renovação e o revigoramento das estruturas eclesiásticas. O interesse, à medida que avançam os eventos dos intereclesiais, de ter a anuência das autoridades eclesiásticas (CNBB) era, de certa maneira, uma demonstração do desejo de permanecer integradas, não obstante as propostas de mudanças acompanhassem esse mesmo interesse (cf. BOFF, C. 1986a, *passin*).

Em dado momento do processo de emergência das CEBs, principalmente quando já se haviam passado dez anos, e isso já era visto como um sinal de durabilidade, de força, permeou no discurso de assessores a concepção desse modelo como o caminho necessário por onde deveria passar toda a estrutura eclesiástica. Como a visibilidade mais comum e explícita da estrutura eclesiástica católica era a paróquia, essa passou a ser o alvo, considerada como o estilo eclesial romanizado. Nisso eclodiu com força a problemática expressão que foi cunhada em um dos intereclesiais: *CEBs, um jeito novo de ser Igreja.* O sociólogo Pedro de Oliveira argumenta que o irrompimento das comunidades de base no interior da Igreja Católica constitui-se em interpelação para que seja redefinida a base dessa Instituição que, pelo que se apresentava, não deveria mais ser a paróquia (OLIVEIRA, P. 1987, 301). Assim ele diz quando apresenta a definição da nova forma da Igreja ser:

> A nova forma só é realmente nova quando as CEBs se tornam a base da Igreja. (...). As paróquias, ao contrário, podem continuar sobrevivendo como centros de serviços religiosos e burocráticos, ou como centros de animação das CEBs, mas na nova forma de Igreja elas se tornam dispensáveis. Poderiam ser suprimidas sem prejudicar a pastoral diocesana (OLIVEIRA, P. 1987, 301).

Essa afirmação de Pedro de Oliveira demonstra que o serviço burocrático é algo importante em uma organização e isso ele delega para as paróquias. No entanto percebo nessa afirmação elementos que se cruzam e deixam certa confusão. As comunidades de base são a "nova forma de Igreja" que dispensam as paróquias; essas poderiam continuar avante como polo de articulação religiosa e burocrática e de animação das CEBs e, pelo raciocínio, não seriam formalmente Igreja. Então, o que faz a Igreja é o serviço religioso ou o burocrático? É possível constituir uma estrutura eclesial organizada sem burocracia? Se as CEBs não precisam de burocracia, então elas não precisam de organização? São questionamentos que reafirmam a crítica de que as CEBs possam ser um jeito de toda a Igreja ser. O que vejo aqui é uma confusão de entendimento que é resultado da força do encantamento na compreensão de CEBs de alguns assessores e reforça que os *lugares* são definidores de estilos e universos de compreensão.

Buscando uma definição sociológica para igreja e, em consequência, para a comunidade de base, Pedro de Oliveira argumenta que à medida que as pessoas se identificam com uma causa, uma razão que justifica a formação de laços de solidariedade entre si, a comunidade emerge como realidade social. De modo que são a identidade e a solidariedade entre os indivíduos os elementos que embasam sociologicamente a comunidade. O fato de as CEBs estarem presentes em meio às camadas populares, para ele, "é que são as classes populares que, por sua própria condição social de existência, necessitam dos laços comunitários para assegurarem seus direitos. Nas classes médias e nas classes dominantes, os direitos são assegurados de modo individualizado" (OLIVEIRA, P. 1987, 306).

Além disso, a eclesialidade das CEBs, questão fortemente discutida ao longo dos anos, é um dado plausível, uma vez que se trata de agregações de pessoas que articulam entre si os valores do cristianismo e expressam sua religiosidade, segundo mediações cúlticas do universo católico. Por isso as discussões em torno da presença de clérigos junto às CEBs existiam devido à preocupação delas em conservar o elo institucional, pois isso garantiria sua eclesialidade. O reconhecimento por parte da Igreja e a autodefinição delas como tal caracterizam estas como comunidades eclesiais. Pelo menos é isso que aparece no discurso de assessores.

O desdobramento dos intereclesiais evidenciou a criação e conservação do elo entre as CEBs em diversos níveis: geográfico, eclesial, histórico etc. Esses encontros foram se constituindo ao longo da realização de cada evento em verdadeiros captadores e difusores de energia, principalmente pela ênfase dada à dimensão simbólica. Os assessores deixam claro que o uso de símbolos e ritos, ou ainda, a forte atenção dada à prática litúrgica nos intereclesiais, são notoriamente impactantes, o que despertou preocupação sobre o que pode emergir como problema quando a dimensão simbólica é enfaticamente predominante. Assim analisa Libânio:

> O risco maior da predominância do simbólico sobre as outras dimensões – teórica e prática – é a confusão implícita entre a pura solução do problema, do conflito, da opressão no nível simbólico e a real, histórica e concreta solução através da prática trabalhada com boa teoria. Depois de uma celebração, os participantes podem sair com a sensação de terem feito tudo que podiam e deviam para solucionar o conflito, enquanto que (sic) a realidade social permaneceu intocada. O universo simbólico trabalha muito mais e melhor o nível da utopia e pode descuidar do nível das mediações sociais, políticas. Ora, se é verdade que a utopia tem força propulsora e uma sociedade sem utopia está morta, também não é menos verdade que uma realidade só se transforma através de práticas políticas (LIBÂNIO, 1986, 496).

Por esse rumo da reflexão vejo que existe um recorte do discurso indicando que as CEBs desenvolvem suas práticas pastorais em torno de suas necessidades nos mais diversos níveis e no esforço de superação delas mediante a solução de problemas e conflitos. A preocupação com o forte caráter simbólico presente nos intereclesiais põe a importância de cada momento, destacando o fato de que a "racionalidade operativa transformadora" não é um elemento essencial da dimensão simbólica, sendo sempre necessária a volta à realidade, à prática que pode efetivamente transformar.

Esse seria o diferencial básico das CEBs, forte articulação entre a vida e a fé, o que é sentido a cada intereclesial que vai sendo realizado, como foi percebido no VI Intereclesial em Trindade (GO): "nesse Encontro, não só se narraram práticas novas, alternativas, cuja iniciativa vinha do próprio povo, mas insistiu-se muito na necessidade de pensar o projeto popular, uma constituinte do povo, uma reforma agrária do povo, uma Igreja em que o povo seja sujeito relevante" (LIBÂNIO, 1986, 504).

Com isso podemos ver que as CEBs têm um discurso popular que precede e supera o dinamismo do discurso analítico das ciências. Para Betto, em boa parte dos militantes de CEBs não há clareza em torno do conceito libertação em seus desdobramentos políticos. Daí ser importante identificar quais forças despertam os termos libertação e nova sociedade do discurso popular das CEBs em suas práticas. Segundo esse assessor, o engajamento na luta política e o esforço de legitimar religiosamente essa luta são as principais forças despertadas, o que caracterizaria certo *projeto político popular*, em construção mediante a conscientização e a organização. Assim se expressa este autor:

> É no universo simbólico e ético da linguagem religiosa que ele se expressa, operando uma importante mutação: a substituição dos elementos místicos pelos elementos

> históricos. A "nova sociedade" não é algum lugar humanamente inacessível situado no futuro pós-morte, como a mansão celestial prometida ao alívio dos pobres. Ela já é, aqui e agora, uma experiência de conquista. É alguma coisa pela qual se luta e não frente à qual se espera. Na prática das CEBs dentro dos movimentos populares, a utopia faz-se *topia* (BETTO, 1986, 579).

Aqui encontramos novamente a problemática do factível e não factível. As práticas de libertação dessas comunidades inseridas nos movimentos populares não podem, por isso, perder seu caráter histórico. Daí que não é possível a utopia tornar-se topia, pois é impossível, com meios materiais, portanto, finitos, transportar o infinito para a história e sua finitude. Isto é, como vimos anteriormente, ilusão transcendental, uma forte insistência em desconsiderar os marcos de possibilidade e impossibilidade comuns à realidade material, próprios da história. Não obstante isso, vejo que essa não parece ser uma questão diretamente ligada ao povo da base, pois em diversos pontos dá para perceber que as ilusões modernas do mundo ilustrado são projetadas no povo da base e apresentadas como se fossem dele. O fato, por exemplo, de o povo recorrer à forma simbólica para se expressar com maior força denota que ele não caiu na ilusão transcendental, crendo que é possível realizar a utopia com a implementação de um projeto político.

Basta vermos que, quando se realizou o VII Intereclesial em 1989, na Baixada Fluminense, a experiência já se alargara de modo relevante e a práxis já parecia dotada de visibilidade eclesial e social. Justamente nesse momento, o desenrolar do evento faz aparecer um aspecto sempre considerado nas comunidades de base, mas nem sempre dada a devida importância, quando da realização desses eventos: a questão litúrgica. Segundo Libânio, isso marcou a passagem do reflexivo para o celebrativo, embora em uma primeira impressão emerja ênfase maior dada ao sofrimento e à luta (cf. LIBÂNIO, 1989, 520). Mas, para ele, a dimensão da vitória também é apresentada, uma vez que:

> Chama a atenção nas liturgias a presença da cruz. Em quase todas elas grandes cruzes são carregadas, pequenas cruzes se multiplicam. A linguagem litúrgica repete com frequência a ideia da cruz, do sofrimento. E a referência explícita à ressurreição é muito menor. Numa primeira impressão parece que o mistério cristão se apresenta reduzido à dimensão de cruz e sofrimento e desprovido da luz da páscoa. Mas não é verdade. A dimensão pascal invade todas as celebrações através de dois sinais principalmente: a alegria festiva dos participantes e a constante referência à confiança na vitória (LIBÂNIO, 1989, 522).

Mesmo com o despontar da dimensão celebrativa com maior densidade, Libânio assevera que à medida que se avançam os intereclesiais, cresce o envolvimento dos militantes de CEBs na luta política, seja em movimentos populares ou mesmo engajados na luta partidária. Mas as CEBs, no VII Intereclesial, já demonstram maior amadurecimento em distinguir a importância de ter como participantes nesses eventos mais os militantes mais bem inseridos na experiência de base da comunidade e menos os envolvidos com movimentos sociais e partidários. Isso é visto como o diferencial das CEBs enquanto influenciam organizações populares e civis, mas conservam sua identidade eclesial e de base (cf. LIBÂNIO, 1989, 527).

Leonardo Boff destaca que as práticas pastorais das CEBs indicam que a Igreja vive um permanente renascimento mediante a fé do povo, que é despertada e revigorada pelo Espírito. Trata-se de uma eclesiogênese, pois em todas as suas dimensões a instituição eclesial busca sua radicalidade, seu sentido original. Elas revelam, segundo ele, "que é possível uma distribuição mais participativa, sem desvalorizar o ministério do bispo e do presbítero". Isso devido ao caráter dinâmico próprio das comunidades de base e sua precariedade de meios na estrutura organizativa, o que indica que a Igreja é uma realidade em construção.

Nessa linha de reflexão, L. Boff faz distinção entre Igreja-sociedade e Igreja-comunidade. A primeira, segundo ele, organiza-se tendo como elemento central o poder religioso, o qual é ordenado de modo hierárquico, e as relações são dadas mediante a articulação com os que têm o poder. Ao passo que a segunda distinção tem suas práticas organizadas em torno da comunidade, das pessoas e dos serviços. Ela surge no seio da primeira a partir de atores que descobriram a vida de pequenos grupos e foram se inserindo e experimentando um novo estilo eclesial (cf. BOFF, L. 1989, 548-553).

A avaliação de L. Boff, no entanto, é de que esse novo estilo possa não se constituir no modelo hegemônico, mesmo sendo aquele em que os pobres encontram condições de inserção e participação. O modelo de comunidade carece de estruturas e organização que possam lhe garantir força de sustentação diante do modelo de Igreja-sociedade, que vigora desde um tempo maior historicamente e desde um maior volume de força, por seu caráter institucional hierárquico dotado de estruturas muito bem organizadas. Pela afirmação de L. Boff, por si só, o modelo proposto pelas CEBs não garante a hegemonia, pois se trata de uma experiência que ainda se encontra aquém do modelo eclesial romano. Não obstante isso, para ele, o aspecto comunitário é legítimo e definidor do sentido de ser Igreja, como afirma: "`Pertence à definição essencial da Igreja (pouco importa seu modelo histórico) a realidade comunhão e comunidade. Isso não significa que toda a Igreja (conjunto dos fiéis) deva constituir uma comunidade eclesial de *base*; significa que deve viver sua fé também em sua expressão comunitária e em comunidade" (BOFF, L. 1989, 549).

Essa modalidade, na qual aparecem os pobres com certo destaque, fez com que os assessores vissem aí a emergência de uma nova configuração de sujeito histórico. Aqueles que eram dominados e explorados tornam-se, pelas práticas pastorais de CEBs, *sujeitos históricos novos* de uma participação ativa na comunidade eclesial, na sociedade civil e na política. Eles são formados no processo de humanização desenvolvido pelas CEBs no esforço de superação de discriminações e na consciência da própria dignidade. De sujeitos na Igreja, eles vão se envolvendo com ações na sociedade e na política, que vão caracterizando-os como eminentes sujeitos históricos. Isso torna a trazer à baila a questão de uma visão triunfalista no discurso sobre as CEBs.

Essa visão concebe a irrupção dos pobres na Igreja como a definição de uma subjetividade emergente possuidora de força histórica (cf. GUTIÉRREZ, 1981, passin). Ora, se considerarmos dessa forma, não levaremos em conta a complexidade dos processos históricos e da real situação histórica do pobre nesse universo complexo. A superação da subalternidade não garante o solapamento das rédeas dos processos históricos. O que nos leva a reconhecer que os pobres se tornam, mediante as práticas de libertação, sujeitos da história que alcançam transformar e realizar com essas práticas, mas não da história como visão totalizante. Como conceitua Manfredo de Oliveira, são *sujeitos políticos coletivos*, pois o engajamento nos movimentos sociais e na luta política evidenciam *mecanismos de organização popular* que forjam uma representação e organização das massas populares, constituindo *novos institutos democráticos* que mobilizam a base a romper o isolamento propiciado pelo regime capitalista, no qual cada indivíduo é relegado ao enfrentamento isolado com o Estado e o mercado (cf. OLIVEIRA, M.A. 1989, 568).

Essa compreensão deu vazão, também, à percepção da situação histórica na qual se encontra a mulher, ao reconhecimento da qualidade de sua presença nas comunidades de base e o quanto existe de caminho por fazer para enunciar sua posição de igualdade com o homem na Igreja e na Sociedade. Teresa Cavalcanti afirma que:

> A consciência crítica, despertada pela leitura da Palavra de Deus em contato com a realidade, leva também a descobrir certas formas de machismo, tanto na sociedade atual como na própria Bíblia e na Igreja. Daí se levantam denúncias e protestos contra a discriminação sexual, nem sempre reconhecida pela sociedade e até pelos próprios membros das CEBs (CAVALCANTI, 1987, 807).

Não só a mulher como outros grupos historicamente oprimidos no universo religioso e social emergiram de suas posições com as CEBs. Nos intereclesiais isso foi progressivamente sendo demonstrado, inclusive a dificuldade das próprias comunidades de base em lidar com eles. Dado o forte caráter de politização, a dimensão do oprimido foi sempre ligada à consciência de classe, deixando de fora a dimensão cultural com um mar de raças/etnias querendo dizer sua palavra. A questão da fé e da política encontra melhor plausibilidade para a discussão, mas a problemática da cultura é de grande dificuldade, devido à configuração da instituição, como marcada por elementos fortes das culturas dominantes. Tudo isso pelo fato das CEBs serem formadas por culturas oprimidas (cf. LIBÂNIO, 1992, 792).

A inclusão das culturas secularmente silenciadas, segundo Paulo Suess, é um acréscimo às práticas pastorais das comunidades de base, pois

> um cristianismo de rosto indígena vivido em uma comunidade eclesial de base pode adquirir uma função importante, criando a consciência do horizonte comum de causas diferentes, alimentando a força das lutas específicas e interligando essas lutas como colmeias de resistência. Ele poderá dar às lutas pela sobrevivência de um só povo uma perspectiva mais ampla de um projeto histórico que visa a vida de todos os povos e que cada um só se liberta em conjunto com os outros (SUESS, 1986, 630).

No VII Intereclesial foi bem evidente que a grande maioria dos participantes eram marcados por traços próprios da raça negra e foi ali que a dimensão das raças/etnias emergiu com tamanha força que moveu as CEBs para um novo evento intereclesial (VIII), no qual fosse abordada com maior profundidade a questão. Nesse Intereclesial, o movimento que vinha se formando dá indícios da necessidade de retomar as práticas, principalmente, reconsiderando todo o entusiasmo que elas despertaram em militantes, agentes de pastoral e assessores, pois o fato de terem se constituído em mediação de mobilização e resistência popular fez aparecer a ideia de que as CEBs teriam a preponderância na condução do movimento de transformação da sociedade.

Tudo isso mostra que, conforme enuncia o discurso sobre as CEBs, o engajamento e o poder tiveram uma configuração conflituosa nessas comunidades, quase sempre caracterizando um embate entre o oficial e o não oficial, o instituído e o popular. No entanto, por aquilo que vimos, a força que elas demonstravam ter estava, principalmente, em sua capacidade de reportar-se à realidade por meio da dimensão simbólica, tendo nessa um recurso importante para articular os conflitos com a instituição eclesiástica e seus próprios conflitos internos. Nesse sentido, parece que os próprios assessores se dão conta de que existe no povo da base um jeito diferente de lidar com a questão do engajamento e do poder, embora demonstrem insistência em apresentar os atores das CEBs como criadores de um tipo de poder popular efetivo.

## 1.3. Práticas pastorais em termos de monopólio e institucionalização da ação

Na passagem do VII para o VIII Intereclesial, o teólogo Comblin toma como referência as práticas pastorais de CEBs no Nordeste, para enunciar questões imperativas na avaliação crítica para o conjunto dessa tipologia de práxis pastoral. No entendimento desse teólogo, o percurso encontra-se em ponto de passagem da profecia espontânea e improvisada para a institucionalização. A pergunta sobre a identidade dessas comunidades, a qual perpassou práticas e eventos desde os primórdios delas, é a que leva ao assentimento de que o conteúdo eclesial só pode vir à tona após um longo processo de formação histórica. Isso demonstra parecer caminhar para uma posição de indefinição, uma vez que não é plausível que possamos definir com clareza o lugar que as comunidades de base ocupam no conjunto da estrutura eclesial, sendo que a paróquia continua sendo o nível visível de pertença básica, marco de inserção no corpo da Igreja, enquanto as CEBs não o são (cf. COMBLIN, 1990, 338). Comblin propõe uma leitura isenta do encantamento, por isso não triunfalista, destacando que

> as CEBs buscam seu caminho entre dois polos que as solicitam constantemente:
> algumas tendem a ser substitutos de paróquias ou funcionam como quase-paróquias; outras tendem a especializar-se como movimentos populares. A orientação depende em grande parte de como nasceu a comunidade ou dos

> desafios que encontrou em sua trajetória. Frequentemente, as comunidades dos sítios e dos povoados tendem a ser quase-paróquias, e as comunidades das periferias das cidades tendem, às vezes, a ser movimentos populares. As primeiras são centradas ao redor de atividades, sobretudo religiosas, as segundas ao redor de atividades, principalmente, sociais (COMBLIN, 1990, 340).

O nível de organização de base já desenha as CEBs como uma instância ligada à pobreza, formada por pobres, enquanto a instituição maior, a Igreja Católica, por sua história e posição no mundo, é eminentemente pluriclassista. Essa é uma distinção básica que precisamos levar em conta na abordagem de ambas, embora seja característica deste momento histórico a atenção que as sociedades ocidentais e, em decorrência, as Igrejas, têm dado às maiorias subalternas, frente às minorias hegemônicas. Essa prática foi assumida de forma vigorosa pelas CEBs, que pretendiam mobilizar os católicos pobres em torno a um projeto político de transformação, atitude que de per si já impede a sectarização e o isolamento, como pretendiam alguns militantes e assessores aqui e ali (cf. COMBLIN, 1990, 342/343).

Só pela prática das comunidades não podemos afirmar que haja nelas uma completa autonomia, pois, muito embora possam tomar iniciativas para mobilizar e se organizar, não há demonstração explícita de que desejam e podem ser autônomas, visto que a figura do agente de pastoral parece onipresente na condução do processo. Um dado concreto sobre isso que Comblin demonstra é a escolha dos representantes para participar nos intereclesiais, os quais nem sempre fizeram jus ao caráter de representação (cf. COMBLIN, 1990, 347).

Não são poucos os conflitos surgidos da relação da hierarquia com lideranças de comunidades, com relação à veracidade da representação, pois diversos militantes foram sendo investidos de força, pelos eventos intereclesiais e por assessores, que impedia uma definição isenta da polarização entre o otimismo excessivo e o pessimismo. Quando tentamos localizar as CEBs e identificar os militantes, encontramos afirmações que as apontam subsumidas nas estruturas paroquiais, com suas organizações em capelas urbanas ou rurais, e seus militantes como líderes de movimentos sociais e políticos, nem sempre com marcas que denotem caráter pastoral e religioso.

Entre as novidades das CEBs, Comblin apresenta "o estilo horizontal, colegial em que predominam as relações fraternas sobre as relações autoritárias", mas isso, segundo ele, deve-se muito ao fato de serem pobres, pois

> entre os pobres, a comunidade e a fraternidade são mais espontâneas: compartilham condições de vida precária, todos precisam da ajuda de vizinhos; a falta de ambição tira motivos de ciúmes, inveja, competição. Há mais igualdade entre os pobres do que entre os ricos. Há menos motivos de rivalidades. Observa-se sempre mais abertura para compartilhar (COMBLIN, 1990, 335).

A proposta desse autor para uma melhor definição da eclesialidade das CEBs é que elas se valham do direito natural dos leigos de se associarem, o que foi enfaticamente enunciado pelo Concílio Vaticano II e endossado pelas experiências conciliares continentais de Medellín e Puebla. Isso poderia ajudar a superar equívocos comuns à estrutura de paróquia que estão presentes em sua prática, como, por exemplo, o monopólio da ação. O reconhecimento de um grupo de base, com práticas próprias de CEBs, como uma comunidade eclesial, depende da localização geográfica, do posicionamento institucional e do assentimento do clérigo responsável, o que mantém esse povo dependente de certo *autoritarismo de amor*, transmutação do antigo *autoritarismo de temor*. Não são as pessoas os elementos fundamentais aos quais estão ligadas essas comunidades, mas a paróquia e a diocese. É possível que a condição social seja uma variável importante nessa situação, como afirma Comblin:

> Paradoxalmente, as organizações que permaneceram na maior dependência do autoritarismo de amor foram justamente as comunidades eclesiais de base. Este fato, aparentemente paradoxal, explica-se provavelmente pela condição social: as classes médias conseguem mais facilmente sua autonomia, e os pobres são espontaneamente mais dependentes. A dependência está neles de modo conatural. Desejam espontaneamente a dependência, e a autonomia custa-lhe muito mais esforços (COMBLIN, 1990, 352).

Esse problema do monopólio dá sustentação a uma dinâmica de comunicação de poderes da parte da organização institucional para as lideranças populares, o que pode tornar-se contraditória, considerando a intensidade do poder repassado e certa desqualificação da parte de quem foi constituído como tal. Isso gerou nas CEBs um modelo de *status quo* de animadores, que, na leitura de Comblin, "ficam para sempre, porque ninguém se atreve a tirar-lhes sua posição social, e porque eles passam o tempo todo a fortalecer sua posição, eliminando todos os possíveis rivais ou competidores" (COMBLIN, 1990, 354).

Nesse quadro dá para ver também que grassa indefinição com relação também aos animadores, pois em uma sondagem às comunidades acerca deles, não é possível ter de pronto o número e os nomes, dependendo muito do agente de pastoral. É um serviço sem investidura, sem eleição e sem reconhecimento público, sustentado em um espaço carismático de espontâneo entendimento, o que não garante durabilidade frente ao cansaço, ao esgotamento e à insegurança. As comunidades de base, conforme Comblin, carecem definir melhor seu sistema de eleição para ter maior previsibilidade no exercício da liderança em suas estruturas. Não é suficiente amor para resolver questões estruturais, é preciso buscar concretamente novos modelos que superem o autoritarismo vigente (cf. COMBLIN, 1990, 364).

Em contraposição ao que diz Comblin, Pedro de Oliveira assevera que a autoridade dos animadores não vem do reconhecimento institucional, mas de sua prática comunitária. É um crescendo, no qual a comunidade vai se vendo na ação do animador, até considerá-lo como tal, seguindo a forma antiga da tradição do catolicismo popular. Para esse sociólogo, "comunidades eclesiais, nas quais o padre nomeia e destitui animadores locais, não são CEBs; são capelas da estrutura paroquial, submissas ao poder clerical, conforme o modelo da romanização" (OLIVEIRA, P. 1990, 932). No entanto, a despeito disso, se prescindirmos das capelas da estrutura paroquial no processo de identificação e reconhecimento de comunidades de base, é possível que sobrem poucas para assim serem definidas.

O monopólio, para Comblin, pode constituir-se em obstáculo para outros avanços, devido a um hábito com a mesmice e o continuísmo, o que termina por elitizar esse modelo de comunidade, conformando-as ao nível de *pequena minoria*, na espera que a grande massa se aproxime, sem projeto de expansão. O processo de institucionalização das CEBs, portanto, caminha bem marcado pela adesão carismática de representantes oficiais, a qual confere tratamento diferenciado, ainda que temporário e de modo precário e pela assessoria de intelectuais, sem os quais elas não assumiriam o nível de comunicação e expressão com o qual se projetaram socialmente. Talvez, esse apoio tenha propiciado uma excessiva exaltação de uma força social que nelas não havia (cf. COMBLIN, 1990, 356-361).

A institucionalização mostra que as CEBs se deram conta de que era indispensável um mínimo de estrutura, por isso a coordenação, o apoio, a comunicação com a paróquia e com a diocese, a formação de lideranças etc. Segundo Comblin, as massas pobres até poderiam alcançar uma posição de *atores da história*, mediante essas comunidades, mas antes elas careceriam de "um espaço de liberdade e de autonomia suficiente na Igreja Católica" (COMBLIN, 1990, 381). No entanto isso não é endossado pelo sociólogo Pedro de Oliveira, quando diz que "institucionalizar as CEBs, quando em sua grande maioria elas vivem uma situação anômala no interior de paróquias atomizadas, poderia significar a fixação dessas anomalias, em vez de fazer avançar a superação da contradição CEBs X paróquia" (OLIVEIRA, P.R. 1990, 940).

Opondo-se à ideia de institucionalização de Comblin, Pedro de Oliveira afirma as CEBs como um estilo apto, por sua amplitude, a assumir todas as pessoas que tiverem disposição para manifestar sua fé em comunidade. Ele discorda que a base se refira a pobres e apresenta o espírito comunitário dos pobres como razão para as CEBs estarem mais fortemente presentes onde haja pobres. Cada classe, segundo ele, tem como referência sua situação para acolher e interpretar a mensagem cristã, no entanto, quando sua visão é enunciada, a apresentação tem dimensão universal e abragente. Por isso "as CEBs e a espiritualidade da Libertação não são formas religiosas destinadas unicamente aos pobres, mas formas católicas destinadas a todo ser humano *a partir das classes populares*" (OLIVEIRA, P. R. 1990, 931).

Destarte, a partir das argumentações antagônicas de Comblin e P. de Oliveira, assim como nas outras compreensões referidas, podemos ver que não há consenso no discurso sobre as CEBs, mas ao contrário, há divergências substanciais. Essas podem ser tomadas em duas direções bem definidas: aquela que considera o espírito das CEBs e aborda a questão organizacional, como se fosse a perfeita manifestação desse espírito, e aquela que acede ao espírito e, a partir dele, avalia a questão organizacional, deixando visível os problemas que existem. Daí que, dentro do que proponho neste livro, a segunda linha, representada por Comblin, aproxima-se do esforço de não fugir à atitude duplamente crítica, que procura olhar os conflitos e divergências das CEBs com as estruturas maiores de Igreja e Sociedade, mas também aqueles que existem no nível interno de suas próprias práticas pastorais e são mais enfaticamente visíveis pela diferença de lugares de assessores e militantes.

Na polaridade do encantamento triunfalista e da aproximação crítica, percebo que a forma de Comblin considerar os pobres como atores aproxima-se com o pensamento de Sung, quando propõe a superação do conceito de sujeito enquanto sujeito histórico, para a distinção entre o indivíduo que se constitui em ator social, enquanto membro de uma instituição, e o indivíduo sujeito, que não se coaduna à negação de sua própria sujeiticidade, ou seja, não se conforma em ser reduzido a um mero objeto dentro de um sistema (cf. SUNG, 2002, 63). Assim, ser sujeito tem a ver com resistência, contestação de algo que se encontra dado e é injusto, porém, é enquanto ator social que o indivíduo tem condições de resistir, pois a instituição potencializa sua atuação, embora o enquadre em um universo de regras que, de certa maneira, o objetifica. Daí que se configura uma tensão entre o ser sujeito, que atua inserido em uma instituição, portanto, como ator social, e o sujeito completo, pleno. Nesse caso Sung adverte:

> No caso de grupos sociais, quando as pessoas se unem para protestar e resistir contra a negação de sua dignidade humana, podemos dizer analogicamente que elas formam uma comunidade-sujeito. Mas quando este grupo social começa a lutar para fazer valer os seus direitos, ele passa a atuar como ator social coletivo. [...]. A única forma de preservarmos nossa sujeiticidade é não aceitar sermos reduzidos a nenhum papel social, por mais importante, "santo" ou "revolucionário" que este possa ser; e não aceitar sacralização de nenhuma instituição ou sistemas sociais (SUNG, 2002, 64).

Uma questão é muito relevante dentro da reflexão sobre o sujeito. Trata-se de compreender o processo de libertação que possa garantir a volta do ser humano que teve sua sujeiticidade subtraída ao mercado, como sujeito efetivo. Assim, o ser sujeito, dentro do pensamento de Hinkelammert, apresentado por Sung, é uma utopia no âmbito individual, é uma potencialidade humana, que enquanto tal não é um dado notável no ser humano. O ser humano é sujeito no grito em defesa de sua própria sujeiticidade negada. A ausência dessa configura-se em uma presença no grito do sujeito que é uma solicitação. Nesse movimento de reclamo, o indivíduo faz-se sujeito. Daí que, segundo esse ponto de vista, não existe a substância do sujeito, pois esse é considerado enquanto se manifesta concretamente como ser vivente, homem ou mulher, negro, indígena ou branco. Essa questão é elucidada melhor por Sung, quando ele afirma que:

> Dizer que sujeito transcende o sistema é dizer que nenhum sistema, nenhuma rede de redes, esgota as potencialidades e a sujeiticidade (a qualidade de ser sujeito) do ser humano; ao mesmo tempo em que afirma a necessidade de sistemas institucionais: "o sujeito [...] transcende a todas as suas objetivações, ainda que não possa existir sem elas".

> O conceito de sujeito que se revela como ausência é uma meta que é "uma transcendentalidade ao interior da vida real e material". Meta não no sentido de algo alcançável ao final de uma caminhada, mas sim de um horizonte com o qual se estabelece uma relação lógica e epistemológica. Uma visão da vivência plena das possibilidades humanas que, ao revelar o que não são, revela o que as relações sociais e humanas são no interior do capitalismo e, com isso, impulsiona as lutas por projetos históricos concretos mais humanizantes. Por isso uma transcendentalidade ao interior da vida real (SUNG, 2002, 78/86).

Com essa elucidação conceitual, podemos notar que os discursos dos assessores das CEBs são atravessados também por tendências ideológicas que subjazem os enunciados, mas não são facilmente percebidas. Porém, talvez, possamos dizer que a confirmação ou não de um dado sobre as CEBs, muitas vezes, é demonstrada tendo como base elementos subjetivos, que não são postos em discussão, mas que dão sustentação à imutabilidade de certos argumentos.

Isso é patente quando P. de Oliveira contesta o *status quo* de animador apresentado por Comblin, com a afirmação de que essa é uma figura provisória, cuja articulação se dá em nível comunitário; sendo, portanto, dessa forma que chegam até os intereclesiais: representantes provisórios da comunidade. Daí que, enquanto para Comblin as comunidades de base poderiam ser associações de fiéis leigos, para garantir uma participação efetiva nas deliberações da instituição católica, para P. de Oliveira elas são eminentemente estruturas, pois "só em nível de comunidade pode existir uma assembleia estável de fiéis, assembleia que pode legitimamente reivindicar o título de igreja local". Entre as pastorais e as CEBs existe uma complementaridade, em termos de movimento e estrutura, e entre as paróquias e essas comunidades há uma incompatibilidade de estruturas, podendo haver coexistência dentro de *igrejas com CEBs* (cf. OLIVEIRA, P. R. 1990, 938/39).

No entanto, em texto mais atual, em que discute a categoria *povo de Deus*, Comblin reforça sua crítica e diz que:

> Com o decorrer dos tempos, viu-se que as CEBs tinham sido apenas uma etapa na busca de uma Igreja dos pobres, mas ainda não eram a Igreja dos pobres. [...]... as CEBs paroquializaram-se e, como consequência, perderam o contato com os mais pobres. O ritmo paroquial supõe nível cultural mais elevado, mais exigente, mais organizado. As CEBs foram constituídas de pobres, mas não são mais dos mais pobres. Não entram nelas os excluídos. Os que delas participam são os pobres que já conseguiram um mínimo de estabilidade na vida [...]. À medida que as CEBs adotam o programa de atividades das paróquias, não oferecem mais interesse para os pobres. As CEBs já deram respostas eficazes aos pobres, e continuam respondendo parcialmente bem, mas correm o perigo de cair no formalismo e na mediocridade. (COMBLIN, 2002, 239/240).

O desenvolvimento das CEBs, visto desde o gradual movimento de realização dos intereclesiais, mostra-nos que a percepção dos assessores foi assumindo configuração nova, a partir dos problemas que iam emergindo nos eventos por pauta estabelecida pelos responsáveis da organização ou pelo que aparecia no desenrolar como fala das comunidades dita pelos participantes que as representavam. Por exemplo, o VIII Intereclesial em Santa Maria (RS) representou um ponto nevrálgico no processo de revisão de métodos e práticas. Ali, mulheres, indígenas e negros constatam que os elementos vitais de sua raça/etnia são instrumentalizados pelos meios de comunicação de massa, de modo a serem mais bem assimilados pelos diversificados gostos da massa, sem contestação nem reclame de resistência. As festas e os costumes dessas raças/etnias são enunciados em meio ao universo moderno, como dados de curiosidade e não enquanto elementos identitários.

Esse intereclesial tornou evidente que o relacionamento das CEBs com as raças/etnias não se distanciou da linha de pasteurização e folclorização, por isso com a emergência da problemática cultural, os conflitos tornaram-se mais intensos. Pelo discurso dito sobre esse evento, podemos identificar a emergência de uma visão da caminhada como universo abrangente, no qual podem ser encontradas comunidades situadas em diversos pontos. Por isso deu-se também no discurso a reformulação da compreensão de comunidade eclesial de base. Não mais a concepção definida com base no "pequeno grupo popular de fortes laços humanos, consolidado pela celebração comunitária e pela reflexão bíblica que liga a fé à luta pela transformação social e política", mas uma concepção mais abrangente para CEBs como aquelas comunidades de igreja "onde a celebração do culto dominical favoreça a participação leiga e onde a existência de algum grupo de reflexão bíblica motive atividades por melhores condições sociais de existência" (OLIVEIRA, P.R. 1992, 815/817).

Houve quem dissesse, com o passar dos anos, que as CEBs estavam vivendo um período de estiagem, uma vez que nem sempre o contexto histórico maior coadunava-se com o "momento histórico das CEBs em nível local". Assim mesmo, há uma insistência de que isso é problema maior por causa do cerceamento da hierarquia, que não deixa o estilo democrático e participativo do modelo CEBs prosseguir dentro da estrutura eclesiástica (cf. BAKKER, 1997, 77/8). Libânio, por exemplo, aponta que existem "questões internas das CEBs, desde a rotatividade de seus membros, agentes e ministros até sua falta de plausibilidade social e eclesial, devido à dissimetria estrutural das CEBs e o monocentrismo paroquial, diocesano e romano" (LIBÂNIO, 1997, 791).

Apesar disso, vejo que o discurso apresenta a forma de abordagem da realidade com base em elementos analíticos como sendo própria dos ilustrados, enquanto o povo tem na modalidade celebrativa sua linguagem mais própria, bem mais condizente com o ritmo de suas ações e seus pensamentos. Mesmo que o método ver, julgar e agir tenha criado uma práxis de avaliação, é por meio do simbólico que o povo da base parece demonstrar melhor sua prática e sua visão (cf. PAIVA, 1993, 627). É como se o povo tivesse uma lógica diferente daquela exposta por quem reflete sobre ele.

O distanciamento entre a linguagem que passa pela assessoria ilustrada e a linguagem do povo da base ficou evidente no VIII e apontou para o desafio do relacionamento com as massas; daí o afrontamento da questão no IX evento. A justificativa aparece no relatório de Libânio:

> ... um primeiro olhar à situação concreta da relação entre CEBs e massa, constatando-se um distanciamento entre os agentes de pastoral e a base, entre os Intereclesiais e o cotidiano das CEBs, entre o saber popular e a teoria estudada, de um lado, e, de outro, uma divergência de linguagem entre as CEBs e os que não a frequentam, cristãos ou não (LIBÂNIO, 1997, 789).

A divergência no discurso parece indicar que os modos de aproximação do fenômeno vão assumindo uma circularidade que nem sempre demonstra uma evolução progressiva, sobretudo quando as questões são apresentadas com relevância ímpar como se fosse algo novo e inovador, tendo sido apresentado já em práticas e discursos anteriores. Daí que mais do que evolução, parece ser mais adequado falarmos de cruzamentos no discurso com matizes próprios de endosso das práticas pastorais das CEBs, bem mais intensos e matizes de contestação em volume menor. Nem mesmo as mudanças indicadas pelos intereclesiais, que apontam cada tema como reflexo do momento vivido e indicação de novas abordagens, fez com que a diferença de lugares fosse tomada como questão a ser estudada. O que me faz constatar que, para alcançar um grau maior de realismo, toda experiência histórica precisa ser submetida à crítica e à autocrítica, portanto uma "dupla-crítica" (cf. SANTOS, MOREIRA, 2005, 884).

Sem a dupla-crítica continuaremos construindo um discurso arrogante com recortes notoriamente colonialistas. Aqui pudemos ver que há uma corrente principal que discorre sobre as CEBs com características de uma visão de história linear. Nessa corrente o que teve maior força foi o encantamento com o tipo de prática desenvolvida nas comunidades de base, mas isso não deixou aparecer as fragilidades próprias de toda prática humana e defendeu uma visão de história, em que utopia e realidade se confundem, alimentando a ilusão de uma ação sem limites, com projetos perfeitos considerados realizáveis. À margem e em debate com essa corrente emergiu a voz de Comblin, Assmann, e, em parte, a de Clodovis Boff, representando assessores que divergem do discurso hegemônico e propõem uma forma duplamente crítica de abordagem. Nessa linha, é possível aceder à novidade das práticas pastorais das CEBs, destacando os elementos significativos delas para o conjunto da práxis eclesial e permitindo aparecer os limites que essas práticas têm e que devem ser aproveitados positivamente para contribuir com seu crescimento.

Nesta reflexão, recorrendo fundamentalmente aos artigos publicados em REB sobre as CEBs, desde quando começaram os intereclesiais, assim como a outras obras relacionadas a elas, vimos que não há uma compreensão homogênea dessas comunidades de base, mas diversas compreensões que foram sendo elaboradas no caminho e em discussão. Percebemos que a tônica do discurso é de que essa é uma modalidade de práxis relevante para os tempos atuais, por seu caráter popular e pela diversidade de poderes e saberes que possui. No entanto, apesar disso, a forma como os assessores foram se apropriando dessa prática, para compreendê-la e discorrer sobre ela, nem sempre fez jus ao espírito defendido pelas CEBs. Daí, a adequação do popular ao modo ilustrado moderno de tratar a realidade. Em diversos momentos, a sofisticação da descrição da fala do povo simples levanta a pergunta sobre a origem da opinião: se do povo mesmo ou de quem escreveu sobre ele e apresenta como se o fosse.

A realidade tem limites que não podem ser perdidos de vista por causa da utopia. Aliás, o pensamento utópico surge da realidade e a ela retorna e depara-se com esses limites que estão no nível da factibilidade. Se for factível ou não, a construção do mundo projetado pelo pensamento utópico é questão capilar, pois o não reconhecimento da factibilidade e a tentativa de suplantar a factibilidade introduzem a dimensão de destruição da vida. Isso seria a antiutopia, ou seja, a proposta de projeção da vida pela destruição de vidas.

Quando um projeto não tem viabilidade prática aí é que precisa se compreender o caráter propriamente utópico do projeto de viver, pois nem tudo é realizável na prática. Defrontar-se com os limites da ação não deveria conduzir a uma visão pessimista, pois é aqui que se encontra a possibilidade de construir conceitos imaginários que ultrapassam a realidade concreta, mas estão a ela ligados por possibilitar uma melhor compreensão pelos limites que aparecem. Não é possível ir além da factibilidade nem prescindir dela.

# II

## O DISCURSO DA BASE E SEUS TEMAS FUNDAMENTAIS

Em uma leitura problematizada do discurso dos assessores das CEBs identifiquei certa divergência entre eles, no que se refere ao próprio modo de compreender essas comunidades. Pelo que vimos, parece que nem todos conseguem distinguir o espírito que anima essa experiência das estruturas próprias de organização, fazendo valer para essas o que é próprio daquele, sem dar a devida atenção aos problemas práticos que vão surgindo, como, por exemplo, a elitização de algumas lideranças e, às vezes, certa tendência ao anarquismo. Além disso, a maior parte do discurso demonstra que aqueles que se encantam com as CEBs, e se tornam seus assessores, insistem na visão de que as pessoas da base dessas comunidades são desprovidas de saber e de poder e que, portanto, precisam ser revestidas deles. Nesse caso, ao que parece, quem tem poder e saber são os líderes oficiais da instituição e os assessores.

Devido a esse problema, essa mesma maioria não demonstra realismo quando trata a realidade das CEBs e termina propondo como superação dos limites de sua experiência ações que, na prática, não são passíveis de realização, caindo na ilusão transcendental, isto é, não reconhecendo os limites da ação que propõem como realizável aquilo que é impossível de se realizar. Por causa disso, aparece no discurso dos assessores algumas referências a comunidades que parecem apegadas a metas ilusórias e demasiado confiantes na própria força, como se os impedimentos a ser confrontados fossem sempre possíveis de ser transpostos por meio da ação concreta.

Mesmo assim, há um grupo menor, mas não menos significativo que faz uma leitura mais realista e não se perde no encantamento com a novidade das CEBs. Esse grupo apresenta que algumas leituras e interpretações estão relacionadas ao lugar de quem fala, seja este um militante da base ou um assessor. Esses assessores destoantes criticam a propensão da maior parte dos assessores de absolutizar a experiência das CEBs, por isso são duplamente críticos enquanto dirigem-se ao lado oficial da instituição católica que detém a hegemonia do processo e também às próprias comunidades, quando internalizam o dominador e reproduzem o mesmo movimento junto a seus parceiros, demonstrando, algumas vezes, incoerência no que diz respeito ao que é proposto em comunidade e não assumido na prática. Além de uma percepção mais realista, com relação à novidade da experiência, esse grupo demonstra uma compreensão de utopia que pode ajudar a reconhecer os limites da ação e buscar a superação em níveis adequados.

Agora recorro novamente ao discurso, mas com outra origem, para problematizá-lo. Aqui tomarei o discurso da base para compará-lo com o dos assessores. Não é fácil ter acesso à fala do povo da base por diversos motivos. Em seu conjunto, trata-se de pessoas que não têm como hábito a sistematização de seus discursos, além de não ter acesso aos meios próprios para sistematizar e conservar, uma vez que dependem de gente que tem acesso a periódicos e outros meios para poder publicar o que pensam. Por isso, mesmo que saibamos que a base fala e que tem seu ponto de vista, por não poucas vezes, o que temos como sua fala chega por meio da descrição da assessoria ilustrada (intelectuais formados academicamente, conforme os moldes modernos), o que não está isento de interpretações. Um caminho seria entrevistar pessoas que militam nas práticas pastorais de CEBs para apreender o discurso propriamente da base; no entanto a intenção é captar aquilo que foi formulado como discurso de base e apresentado pelos meios que divulgam essas comunidades, para ver, do que está posto, como é que poderemos compreender as diferenças existentes.

Com relação às comunidades eclesiais de base, parece que existia um esforço inicial de seus simpatizantes de abrir caminho para que o discurso da base se tornasse conhecido por mais pessoas. É por isso que, desde quando começaram os intereclesiais, tornou--se hábito o registro e a publicação do discurso da base em forma de relatórios. É claro que o que os assessores de CEBs pareciam ter como base os membros participantes dos eventos, que tinham oportunidade de falar e manifestar o que era vivido na própria comunidade, que representavam, e o povo mesmo, que vivia o cotidiano da comunidade de base. Porém isso faz aparecer uma questão: em que sentido é possível considerar como discurso da base aquilo que é apresentado por participantes de encontros de CEBs? Sem dúvida, isso exigiria uma pesquisa mais aprofundada para definir o nível de representação, a natureza de ser de base e a força da interpretação, o que não é o caso aqui, pois o que pretendo é destacar que o discurso de CEBs tem diferenças em seu próprio interior, e isso evidencia a influência do lugar de quem discursa, se alguém inserido na própria comunidade ou alguém parceiro dela que a ajuda em nível de assessoria. Compreender isso é fundamental para analisar as tendências que aparecem no discurso de reforçar um modelo colonial, assim como a ênfase em considerar a história de modo linear e, dessa forma, não lidar de forma adequada com os limites da ação.

É possível que a maioria das pessoas que participam dos grandes eventos de articulação e reflexão sobre as CEBs sejam realmente das comunidades, no entanto é difícil assumir que o evento possa retratar as bases e que o discurso dos militantes seja fiel ao cotidiano das práticas pastorais. Isso porque a distância do cotidiano e o confronto com um contexto, em que tudo concorre para respaldar um pensamento, pode não permitir que a realidade seja mostrada com certa clareza e fidelidade; além do que as pessoas enviadas para esses eventos terminam por desenvolver uma prática de participação em encontros de formação e debate, perdendo, aos poucos, sua própria prática de comunidade. No entanto, apesar disso, dá para perceber qual é o pensamento que norteia essas práticas, seja da parte de quem milita no dia a dia, seja de quem delas se aproxima, com o interesse de investigar, conhecer e analisar, ou de quem oferece sua formação teórica para respaldar a experiência da base. Diversos atores falam em nome das CEBs, mas dois elementos são fundamentais para esse trabalho: os assessores e a base. São esses que terão seu discurso analisado para discutir suas diferenças internas e entre um e outro.

Assim como procurei apreender um percurso do discurso dos assessores, conforme o caminhar dos intereclesiais, por meio do que era apresentado em artigos que discutiam e interpretavam a questão, também farei com relação ao discurso da base. O Serviço de Documentação (SEDOC) do Instituto Teológico Franciscano de Petrópolis (Editora Vozes) é um periódico que acompanhou bem de perto as CEBs e desenvolveu um modo de arquivar eventos e experiências, a partir do que era movimentado pelos intereclesiais.

Desse modo, quando ocorreram os primeiros encontros, essa revista transcrevia em suas páginas o que ali era realizado, desde o cronograma de atividades, os relatórios provindos das bases em preparação aos intereclesiais, as discussões em plenários, até as reflexões temáticas desenvolvidas pelos assessores, junto às bases e nos eventos intereclesiais.

Até o final da década de 1970 e começo dos anos 1980, é possível encontrar o que ali é apresentado como relatório das bases, que pode ser compreendido de maneira não uniformizada. Alguns relatórios são elaborados por um pequeno grupo de membros da comunidade descrita, outros são elaboração de um agente de pastoral ou até de um assessor que é agente na comunidade. Daí que alguns são compostos na terceira pessoa do singular e outros são mais personalizados e na primeira pessoa do plural, indicando também o número de indivíduos que fizeram a elaboração. Isso torna difícil a escolha sobre o que possa ser considerado como discurso da base, ainda que os relatores tenham tido esmero em comunicar com sinceridade o pensamento das pessoas das comunidades.

Desse modo, para tentar uma aproximação maior com o que seja propriamente a fala da base, tomei como material para estudo aqueles relatórios feitos em primeira pessoa do plural e as colocações de grupos e pessoas que se pronunciaram em plenário e que foram gravadas, colocadas entre aspas no corpo dos relatórios (cf. SEDOC, 1975, 1066). No entanto não posso deixar de lado a constatação de que esse tipo de registro como relatório das bases vai, aos poucos, desaparecendo do periódico e dando lugar a algumas reflexões de assessores e às cartas-finais dos intereclesiais. Esse é um fato intrigante, pois o volume de informações e reflexões sobre as CEBs é bem grande na primeira década, e chama a atenção o fato de ir diminuindo cada vez mais. Pode ser que isso seja indício de um descaso com a base, porque os depoimentos do povo não parecem mais conforme o pensamento formalizado da maior parte da assessoria ilustrada e editoras encarregadas de divulgar seu pensamento. Talvez esse enfraquecimento da publicação do testemunho do povo da base refira-se ao fato de que o modelo de CEBs, que é abordado com maior ênfase no discurso ilustrado, não olha a realidade das práticas pastorais, que aparece melhor no discurso da base.

Esse é um problema presente desde o início, pois, pelo que aparece nos relatórios, às vezes, conforme os tipos de encontro para o qual eram solicitados, os atores dedicavam-se à reformulação do que já havia sido feito, como se devessem adaptar as informações à linguagem que o contexto exigia. Assim eles descrevem: "Diante da grandeza e importância desses acontecimentos, resolvemos escrever um novo relatório. Pensamos que assim podemos contribuir para que todos os irmãos, conhecendo mais de perto essas boas notícias, possam, quem sabe, fazê-las acontecer também nos lugares em que trabalham pelo Reino" (SEDOC, 1978, 356).

Nesse estudo não há uma separação de relatórios, pois se poderia incorrer em uma justaposição de informações não propriamente com caráter de discurso. Muitos deles apresentam dados geográficos, demográficos, sobre o tempo de fundação e pessoas envolvidas, mas o que foi tomado como importante para problematizar foi o que as pessoas diziam em grupo e individualmente sobre a vida de CEBs. O que é levado em consideração na leitura desse discurso de base não é a quantidade de enunciados ou de informações, mas a qualidade do conteúdo que é apresentado; por isso procurei ver o que era comunicado, identificando a temática que era posta pelos pronunciamentos. Daí a busca de agrupar o discurso em torno a temas que têm sido de grande relevância para as CEBs.

## 2.1. A relevância do saber e do poder

Em um primeiro momento, lendo a fala da base relatada, é possível ver que o povo tem consciência de que entre a base e a assessoria ilustrada, ou entre a comunidade de base e a instituição eclesial oficial, há diferença de saber e de poder. E essa também aparece no interior da própria base, pois a compreensão do que surge com as CEBs não é uniforme; assim como existem aqueles que entendem, identificam-se e assumem o modelo eclesial de comunidade participativa engajada na transformação do mundo, existem também aqueles que não alcançam entender, por isso não se identificam com o mesmo modelo. Como se vê em relatos de comunidades enviados para serem discutidos e analisados por assessores nas primeiras reuniões que deram origem aos intereclesiais:

> A Igreja tem de colaborar porque é quem tem mais visão. E na Igreja a gente se organiza, se une como irmãos./ Vai ser um pouco difícil, porque nem todas as pessoas da comunidade compreendem a renovação e estas acham que só os padres podem assumir a responsabilidade na Igreja. Não é ameaçando o povo de castigo que a gente consegue não, é conversando, chegando a compreensão para eles. / A grande contradição do nosso trabalho é que a gente quer uma comunidade vivida por todos e, no entanto, até agora só alguns compreendem. Há também aí o perigo da gente se separar um pouco do conjunto do povo. O povo prefere mais as coisas antigas e resiste às novidades que aparecem. Isso é uma dificuldade que temos de superar [sic] (SEDOC, 1975, 1076/1066; 1976, 263-264).

A prática pastoral que aparece com a configuração de comunidade de base constitui uma novidade para a experiência de Igreja que o povo tinha, fazendo com que ele reconheça que as estruturas existentes não favorecem a participação e que esta pode ser a oportunidade de renovação. Mesmo a referência que é feita à colaboração como exigência do fato de ter mais visão, o povo dirige à Igreja como que identificando a hierarquia e os assessores como sendo a Igreja; enquanto ele, o povo, não seria parte dela, ainda. É dentro do processo, que se inicia com o modelo de CEBs, que aparece e cresce o sentimento de pertença eclesial da parte do povo, como um direito ligado a sua experiência de fé e a sua vivência de comunidade.

Dá também para perceber, no relato, que o movimento é concomitante: a formação de comunidade de base e a mudança na vida da comunidade. Há indícios de que o que aparece para o povo é que ele tem condições de melhorar sua situação, e isso poderá ocorrer por meio de seu crescimento como sujeito capaz de conhecer. E isso vai se dando no processo mesmo, enquanto ele vai percebendo a diferença entre o padre e ele, que aquele é importante e tem seu papel, mas que não é só ele que pode ter responsabilidade na Igreja; vai também se dando conta que nem todas as pessoas da comunidade compreendem o que está acontecendo e, talvez, por isso demorem a se engajar ou não se engajem no que está sendo formado. Como demonstram, o trabalho deles nas comunidades tem a grande contradição de que eles querem "uma comunidade vivida por todos e no entanto..." "só alguns compreendem".

Ainda mais, parece que há um dar-se conta de que vigora uma forma de convencimento do povo, que é por meio de ameaças (castigo) e que precisa dar lugar a uma maneira mais persuasiva, por meio da conversa que ajude a compreender. Mesmo assim, o risco de separação permanece, pois o costume que sempre viu e viveu deixa o povo resistente à novidade, podendo criar um distanciamento entre os que assumem o modelo de CEBs e aqueles que preferem permanecer no que já conheciam. Assim, desde o começo, está presente o risco daquilo que Bauman chama de "secessão dos bem-sucedidos", que seria uma nova elite que vai se configurando por uma extraterritorialidade que dispensa vínculos (cf. BAUMAN, 2003, 53). O que ocorre não é somente a distinção entre quem adere ao estilo de CEBs e quem não adere, o que pode gerar separação, mas o distanciamento da base por parte de quem vai crescendo em termos de consciência. A formação da consciência social e eclesial pode gerar uma grande diferença dos líderes em relação ao conjunto do povo, se não houver um retorno constante à prática e se a tematização dessa prática for apresentada com a pretensão de sê-la tal e qual. E o povo parece que não está alheio a esse risco, pois há quem o constate e quem se mantenha na resistência ao novo modelo.

Das bases surge uma compreensão diferenciada de saber: o saber de quem tem mais visão, nesse caso, para o povo, a Igreja, e o saber de quem "faz tanta coisa sem saber de nada", o próprio povo. Aqui podemos ver uma presença forte de perspectiva colonial, pois a diferenciação se dá na distinção entre alguém que é ilustrado e vê mais e melhor, porque tem mais saber ilustrado, e alguém que se sente como realizador de atividades, sem saber o porquê do que está fazendo. Mas, mesmo assim, o dar-se conta dessa diferença vem reforçado com a percepção de que, aos poucos, o povo vai tendo mais compreensão do processo e vai percebendo que seu jeito de compreender pode não ter a velocidade nem o mesmo tipo de raciocínio do intelectual ilustrado, mas é também uma forma de entender. Assim a base se expressa:

> A Bíblia, sendo lida e não escondida, fez com que o povo se sentisse mais liberto, mais livre, mais próximo ao padre, mesmo que não tenha estudado tanto como ele.
> Mesmo na Catequese, a catequista não é mais aquela que sabe tudo de tudo; é apenas aquela que sabe ajudar a crian-

> ça a reconhecer a boa notícia que Jesus veio trazer para seus irmãos que estão sofrendo.
> Mudou muito depois do Concílio. Aí nós tivemos mais liberdade, perdemos o complexo de inferioridade. E tivemos maior esclarecimento da religião, que já não é mais para nós um bicho de sete cabeças, e sim a mensagem do amor. Eu hoje tenho outra orientação, mas naquele tempo eles falavam palavras que a gente não compreendia [sic] (SEDOC, 1976, 552/556).

Há certa reconfiguração dos processos de aprendizagens com essas comunidades de base, pois o povo parece saber que havia um movimento de ocultamento de saber que o alijava do acesso às ferramentas, como, por exemplo, a Bíblia, que poderiam facilitar o crescimento do conhecimento. O acesso à Bíblia produz nas pessoas não apenas o suprimento de lacunas com informações, mas uma transformação das relações delas com o representante oficial da instituição e consigo mesmas, pois alcançam um sentimento de libertação, de liberdade, suplantando complexos que as mantinham em uma condição de aprisionamento. O simples fato da mudança de postura do catequista, que não age como o detentor do saber, mas como aquele que facilita para a criança o reconhecimento de Jesus e da força de sua mensagem, demonstra que o modo impositivo de ensinar não só não encanta as pessoas como elas se sentem melhores, em um modelo mais envolvente e participativo, como é o das CEBs. Em relato, a base demonstra a mudança que vai acontecendo na prática:

> O pessoal sentiu que começava a ter valor; e aí as pessoas começaram a se abrir e a crescer./ Antes não havia convívio; hoje tem. As pessoas foram pacientemente cativadas e devagarzinho foi surgindo participação./ Para mim, esse negócio de participação é uma daquelas coisas que diferencia a Igreja nova da antiga./ Começou-se mostrando ao

> povo que ele precisava deixar de depender dos outros (padre, diretoria, políticos, autoridades), mas que ele mesmo tinha condição de se assumir. Foi assim que começaram grupos e mais grupos... E a bandeira foi que a gente tem de lutar – mas lutar mesmo! – para uma vida nova [sic] (SEDOC, 1976, 553).

A participação parece ser a palavra-chave nesse modelo de prática pastoral, pois ela define o que a diferencia do que existia até então e ajuda o povo a tomar consciência de que vive uma dependência subserviente daqueles que tinham acesso ao poder e ao saber dominantes, sem reconhecer suas condições de assumir a própria força e se comprometer com o próprio modo de conhecer. A descoberta dessa potencialidade amplia os espaços de participação com a criação de grupos e mais grupos de pessoas dispostas a lutar por uma vida nova. E o novo não é tomado apenas pelo fato de ser novo, mas pelo que ele traz consigo, que é a transformação de uma realidade de domínio e dependência em espaço de participação e valorização de todos.

Os problemas não são superados instantaneamente, mas de forma gradual e dialética. Apesar da mudança de mentalidade, que vai sendo forjada, e das novas atitudes tomadas, existem resíduos que persistem. Embora haja a indicação de que a ausência do padre é suprida pelo leigo, a relação de dependência por parte do grupo maior da comunidade continua a mesma. Por exemplo:

> O animador da comunidade, Sr. Júlio Pedro, vai às reuniões mensais dos animadores da paróquia de Guarabira, e na reunião mensal dos animadores do município, em Pilõesinhos. Ele traz a folha de orientação para as comunidades./ O animador dirige a reunião. Ele e sua filha preparam o Evangelho, seguindo a orientação da folha da paróquia./

> Se o animador faltar, parece que ninguém tem coragem de enfrentar o estudo do Evangelho, mas os trabalhos comunitários continuarão a ser feitos, porque agora o pessoal já viu que é muito bom para todos [sic] (SEDOC, 1978, 277).

Por que a ausência do animador deixa vago o estudo do Evangelho? Parece que o processo de transformação carrega consigo marcas de estilo colonial, em que as relações desiguais reforçam a existência de um nível inferior e outro superior. Pois há um centro que prepara a *folha de orientação* e esta serve para que a liderança local, no caso o animador (e sua filha), desenvolva o aprofundamento do Evangelho na comunidade. O jeito como a orientação é feita não indica que a participação é tão vigorosa, pelo menos no que concerne à leitura do texto sagrado. Além disso, o povo demonstra que lhe falta coragem para enfrentar o estudo do Evangelho, mas não para continuar fazendo os trabalhos comunitários, como se fossem duas realidades distintas. Se existe uma ligação da fé com a vida, nem sempre isso surge da experiência de fé institucionalizada, na qual as pessoas se inspiram no texto sagrado para pensar e agir. Às vezes, há indício de que o povo vai sentindo sua força para agir no campo da sociedade, mas se sente "fraco" com relação à própria comunidade:

> Na minha Comunidade faz 10 anos que a gente trabalha, mas é fraco porque ninguém sabe ler. Já fizemos fossa em quase todas as casas. Só ficou 4 casas sem ter fossa. O resto foi feito tudo junto. /Na nossa Comunidade tá começando agora e pouca coisa fizemos porque o povo ainda não está entendendo. /A nossa comunidade também é fraca, mas a gente já faz celebração... /Na nossa comunidade lá eu consegui juntar o povo para trabalhar junto. Mas ninguém quer sair de lá. E eles dizem que não entendem o Evan-

> gelho e nada. E eu digo: a gente tem que andar pra poder entender. Lá a gente tá meio fraco, mas mesmo assim eles ajudaram com as passagens. É nessa luta que a gente vive e que a gente se ajuda [sic] (SEDOC, 1981,170/171).

Parece contraditório encontrar relatos em que a questão da participação comunitária e o novo jeito de atuar dentro da instituição são molas propulsoras do engajamento político e outros em que há certo pessimismo em relação à sua própria situação. O *fraco* que é dito parece indicar que não tem um modo de agir consolidado, como se tivesse diante de si um modelo de comunidade de base bem arrumado que denuncia o que, na prática, ainda não é encontrado: pequeno grupo de pessoas próximo do texto sagrado, entendendo e se envolvendo mais e mais no culto e na sociedade. Os dois exemplos são encontrados, e é importante que não sejam desconsiderados, pois se trata da própria organização interna da comunidade. Aí já é possível ver que existe um conflito entre o modelo ideal e a realidade concreta. Não dá para perceber de que comunidade o povo está falando, se da que ele vive mesmo ou da que ele gostaria que existisse.

Enquanto essas comunidades de base vão avançando na formulação e proposta de um novo modelo de comunidade, que é a CEB, não é possível livrar-se dos entraves comuns a todo processo histórico e que entram em choque com o que vai sendo proposto. Disso pode ocorrer que o espírito que move seja confundido com as estruturas organizacionais, podendo haver uma nítida contradição. O espírito de engajamento e participação defronta-se com a resistência de quem não entende ou não concorda, criando ambiguidade na prática. O povo, que encontra na experiência de CEBs ensinamentos e estímulos para agir de modo crítico e transformador na sociedade, começa a ver que a comunidade que ele vive é diferente da que ele deseja ou que os assessores dizem que devem ser. Assim, como não encontra ali as características próprias do modelo que busca, sente que o que tem é fraco porque está aquém do que procura.

A novidade ajuda a abrir os horizontes de visão e conduz o povo a um engajamento em uma busca de empoderamento, de revestir-se de poder e de força, uma vez que sua experiência foi largamente marcada por um poder recluso a um pequeno grupo que atuava sobre ele com força opressora. Enquanto ele vai percebendo que a desigualdade não é algo natural, mas resultado do modo como são formadas as relações humanas e sociais, vai crescendo a consciência da própria força e do que ele precisa e pode fazer para garantir que essa força influencie no andamento da história da sociedade e da comunidade. É bem visível nos relatórios que o que vai sendo vivenciado na comunidade, como transformação em um ambiente mais participativo e de inserção de todos, repercute com grande força na vida em sociedade. As pessoas declaram que a visão do mundo em que vivem, do ambiente social, muda porque mudou a visão de Igreja, a ideia de comunidade. Assim diz:

> A gente nota que houve uma grande mudança de uns tempos para cá, principalmente quando o povo unido assumiu uma responsabilidade que nunca teve, que nunca foi dele. Foi fazer uma festa como a de Santo Antônio, muito embora no começo muitos pobres mesmo não acreditassem que podiam fazer a festa porque não tinham condições. Quando o povo decidiu fazer a festa unido já se nota que houve uma mudança de vida. /Assim como se uniu para fazer a festa está se unindo para fazer outro trabalho. Nós esperamos dessa união, desse trabalho uma libertação para nós. /Esse trabalho vale a pena porque muda as pessoas. Depois, nunca se pode alcançar a vitória sem sofrimento. (...)... não há motivo para nos desiludirmos

> e desanimarmos do trabalho. /Começamos a nos entrosar com o movimento da comunidade, passamos a conhecer melhor os problemas não apenas da paróquia, mas também da comunidade e do bairro inteiro e nos nossos encontros começamos a nos preocupar um pouco mais com os problemas e as dificuldades do pessoal: a fome, a miséria, o desemprego, a injustiça, as condições de vida impossíveis etc. É um negócio difícil; de vez em quando, alguém desiste e se afasta. Mas, mesmo assim, é uma caminhada de libertação, a procura de dias melhores. /A certa altura, o grupo cansou-se de somente refletir. Partiu-se, então, para a realização de coisas concretas em benefício do nosso povo. Às vezes, o que o grupo tinha pensado de realizar devia ser deixado de lado, porque se descobriam outras coisas mais necessárias e mais de ajuda para a nossa população [sic] (SEDOC, 1976, 263-264/552).

Trata-se de uma festa religiosa que era habitualmente organizada de forma a eleger um pequeno grupo de posses e alijar a maioria pobre. Justamente quando esta toma consciência de sua condição e assume a organização da festa do santo começa a mudança de vida, pois da união para a promoção de um evento religioso começa a surgir a união para a realização de outros trabalhos fora desse campo. Parece haver uma luta em campos diferentes (a luta dentro da comunidade e a luta na sociedade), mas o que realmente eles dizem é que se trata de uma única luta. A luta pelo espaço na comunidade religiosa proporciona a união para a luta no nível das relações em sociedade, e isso vai modificando a própria visão que o povo tem: não apenas conhece os problemas de sua comunidade, mas do bairro inteiro, e passa a preocupar-se com problemas mais importantes para a vida concreta. É como se houvesse uma conversão, uma transformação do modo de ver a vida e o mundo, a reformulação do marco categorial. Isso não é uma experiência fácil, daí aqueles que se cansam e desistem; mas a consciência social vai crescendo cada vez mais e a necessidade de envolver a reflexão com a ação vai se tornando sempre mais urgente.

Essa experiência pode ser contraposta àquela anterior que define a comunidade concreta como fraca diante da que é proposta. O problema aqui é percebido, no entanto é posto como um desafio a ser superado, uma vez que é da luta pelo espaço no interior da comunidade que surge a luta pelo lugar na sociedade. Se na comunidade os papéis são exercidos de forma desigual e a comunidade desejada é aquela na qual todo mundo pode tomar parte, compõe o conjunto das ações, então é preciso primeiro lutar para garantir a mudança internamente.

Pelo visto, em torno do saber e do poder, o povo articula a formação da comunidade, pois esses são os modelos que ele tem à mão. À medida que ele vai crescendo na consciência de si, da situação de sua comunidade e da realidade onde vive, vai também demonstrando maior força em torno às questões de organização e participação comunitária e social. Ele tem a comunidade de base como o retrato daquilo que ele quer fazer de si, de seu grupo e da sociedade. Disso resulta uma comparação, de certo modo, assimétrica, pois tende a ter no modelo a perfeição e querer encontrar na realidade concreta as mesmas características do modelo, sem levar em conta que muitas das imperfeições concretas são da própria natureza da realidade e não podem desmerecer a prática. A comunidade não deveria ser considerada fraca só porque não tem já as características próprias da comunidade de base, mas ela pode se fazer, construir-se enquanto tal, melhorando o quadro de desigualdades que existe em seu interior e incentivando o envolvimento de todos. Apesar disso, em seus relatos, o povo demonstra não perder o senso da realidade, distinguindo o ideal do real, o que marca a diferença com a assessoria ilustrada, que, por não ter uma inserção efetiva na cotidianidade das comunidades de base, termina identificando o ideal com o real.

## 2.2. O esforço para relacionar fé e vida

A interação da fé com a vida é uma constante nas práticas pastorais das CEBs, pelo menos é o que podemos ver no discurso de assessores e no discurso da base. A maior parte do discurso de assessores dá ênfase ao engajamento político que aparece como desdobramento do comprometimento de fé do militante, enquanto a base discorre nuances diferentes. No discurso da base existe a indicação de que alguns dos padres que apoiam o movimento popular são grandes incentivadores do engajamento do povo das comunidades, mas o apoio que eles dão é somente no início, sendo que não há um acompanhamento no decorrer da militância política. "Os padres empurram para a política, mas na hora do vamos ver tiram o corpo fora; põem lenha na fogueira e saem" [sic] (SEDOC, 1986, 405).

Como o engajamento é um processo difícil, uma luta, o povo lamenta que não haja uma permanência do apoio, quando a situação se torna mais desafiante. Esse lamento seria porque não tem suficiente condição de sustentar seu engajamento e sua militância política ou porque sente como significativo que haja alguém diferente dele apoiando e, de certa forma, dando diretivas para o processo? Ou será o lamento a expressão de que para haver continuidade da interação fé e vida é necessário que a comunidade eclesial continue acompanhando seu membro, que se tornou militante político para alimentar sua mística e espiritualidade?

Isso já foi percebido pelos assessores e denota que o processo da luta popular não é sentido do mesmo jeito por todos. Não poucas vezes o incentivo para a luta vem de agentes de pastoral e assessores que levantam a bandeira, antes que o povo sinta a luta como sua. É o próprio povo da base que demonstra isso quando diz que "há confusão na cabeça das comunidades: uns com opção política e outros sem opção; se dividem; fé e política não faz casamento" [sic] (SEDOC, 1986, 405). Parece indicar que existe concretamente a dificuldade de emplacar na luta, ou seja, articular a base em torno da interação da fé com a vida, de modo que não seja apenas a aplicação do que é idealizado, mas um engajamento consciente por parte do povo. Apesar disso, no relato da base, parece que a comunidade tem certa clareza sobre a importância disso, como afirmam:

> Uma comunidade que só se preocupa em rezar, em fazer culto, não se preocupa com os outros irmãos; /Vamos arrancar algumas ripas do cercado! Vamos sair e ver o que se passa ao redor e tentar fazer alguma coisa, tentar libertar um pouco os mais próximos. /Nas reunião, às vezes, distribuímos tarefas e na outra reunião voltando quem se encarregou presta conta da tarefa que lhe foi confiada. Nas celebrações fazemos a reflexão do evangelho comparando a caminhada do povo de Deus naquela época com a nossa de hoje. /Procuramos sempre juntar o Evangelho com a vida porque não adianta celebrar só o culto sem fazer esta ligação... /A leitura da Bíblia sem a leitura da realidade é como separar a cabeça do corpo [sic] (SEDOC, 1975, 1068; 1978, 263; 1981, 171; 1986, 396).

Pelo que dizem, aos poucos, parece que o povo vai manifestando a importância de não ter uma separação entre o que vive no culto e o que vive na vida em sociedade, isso vem com a identificação como o povo que tem sua história contada na Bíblia. A leitura passa a ser feita com uma lente no texto sagrado e outra na realidade, como se fosse uma coisa só, um corpo que vive pela atuação conjunta de seus membros. O cuidado exclusivo com a vida de oração revela o esquecimento da responsabilidade social, do compromisso com o próximo; por isso a necessidade de ultrapassar os limites da casa de oração para ver a realidade, olhar o que se passa ao redor e tentar fazer algo que ajude as pessoas a superarem seus problemas e se libertarem da opressão. Embora haja quem resista à mistura da fé com a vida, a maior parte do povo descobre assim o valor de sua fé e o valor de sua vida. Ele se sente impulsionado pela fé a agir na vida e impulsionado pela vida a buscar clareza e razão para sua luta na fé.

Em alguns momentos o povo justifica seu engajamento na luta política com sua participação na vida de comunidade. O que demonstra que a luta por uma participação mais igual na comunidade despertava para a luta social e criava nas pessoas o interesse de buscar os meios próprios para sustentar essa luta. Se a Igreja apresentava as características da organização atenta às necessidades do povo, os militantes das CEBs, que se descobriam com aptidão para o mundo da política, procuravam filiar-se a partidos que continham em seus estatutos e suas propostas o caráter de comprometimento com as causas do povo. Parece até que a escolha pelo engajamento político partidário faz parte das escolhas orientadas pelo compromisso de fé.

O problema do desenraizamento desses que se inseriram na política partidária não parece ser sentido no princípio da caminhada das CEBs, ao menos pelo que pude ver dos depoimentos documentados até o final da década de 1970 e início da de 1980. Vimos no discurso de assessores que à medida que o indivíduo se engajava nesse tipo de política, ia se descolando da prática de base, consequentemente, ia perdendo o apoio e acompanhamento por parte dessas mesmas comunidades. No entanto a primeira compreensão que o povo tem da implicação social e política de sua fé está ligada aos movimentos reivindicatórios, que surgem nos grupos formados a partir da própria comunidade. É por isso que não há em seu discurso uma separação entre a luta para exercer papel na comunidade e a luta por fossa, por terra, por escola, e assim por diante, conjugando comunidade de fé e luta social. Pelo menos no princípio, o povo parece compreender mesmo que as comunidades de base onde ele vive são como são porque misturam a vida com a fé e transitam entre o culto e a realidade, como um caminho normal de implicação recíproca. Vão ao templo para celebrar o que vive e ali são incentivados, pela história de outros povos e pela experiência de Deus próximo a si, a retornarem para a vida com vontade de transformar o mundo.

A mistura da fé com a vida muda as orações tradicionais e trazem para o interior do culto na comunidade os problemas vividos na realidade. Assim consta num relato:

> Da falsificação dos documentos, livrai-nos Senhor!
> Da confiança cega do povo nos proprietários e políticos...
> Das nossas roças invadidas...
> Pelas campanhas de filtros, fossas e saúde que estão se realizando, obrigado Senhor!
> Pelas cercas derrubadas pelo povo...
> Por todos que lutam pela defesa dos nossos direitos... [sic]

Se nas preces comunitárias a vida se encontra, isso indica que o movimento inverso é também correspondente, ou seja, por causa da fé é que a luta por melhores condições de vida no dia a dia acontece. É bem presente nas comunidades de base, conforme os relatórios, esse esforço de não alienar a fé da vida nem esta daquela, pois isso parece ser uma das grandes conquistas dessa nova forma de vida eclesial. De fato, a noção de libertação endossa esse movimento de, à luz da fé comunitária, perceber as inadequações da vida em sociedade, sobretudo a situação de opressão e mover as pessoas para a superação.

## 2.3. A configuração da liderança nas CEBs

Pelo discurso vejo que o povo tenta articular o poder e o saber no movimento de interação da fé com a vida. Mas também vejo que esse movimento provoca o surgimento de pessoas que vão se destacando no exercício de poder e de saber dentro da comunidade. O próprio engajamento político partidário de alguns militantes de CEBs é um indício desse despertar de novos líderes em meio ao povo da base. A despeito de todos os problemas decorrentes desse engajamento, o destaque é por si um ponto substancial nesse modelo de comunidade. Por isso a questão da liderança é um tema bastante recorrente nos relatórios e aparece de várias formas. Por vezes, a liderança da comunidade é atribuída ao padre, como representante oficial da instituição, em outros momentos ela está posta na figura de um animador ou de um agente de pastoral; porém, dentro do modelo de CEBs, aparece uma ideia de liderança compartilhada pelo povo, como é relatado:

> Hoje, a Igreja é de todos; todos são donos da Igreja; e o pessoal passou a entender que a Igreja é ele mesmo./ O leigo tomou consciência que ele também é gente; ele agora se sente valorizado e tem coragem pra enfrentar uma verdade; quebrou um tabu./ Enfim, a reviravolta que houve é a valorização do leigo./ Foi dada oportunidade ao povo de participar e ser ativo, assumindo seu papel./ A Igreja de alguns anos atrás era mais fora da vida. Ninguém compreendia nada. (...) A Igreja de ontem... tem culpa de nós não enxergar e não ter uma vida melhor. (...). Se o bispo é representante da Igreja e nós somos Igreja, então eles tem que estar conosco. (...) Deus não quer a terra, nem o céu para uns poucos só. (...). A glória do Pai é assim: ninguém mais alto, ninguém mais baixo./ A Igreja é nossa e nós é quem assumimos todos os trabalhos daqui, menos missas,

> os batizados e casamentos. O povo já está começando vê que o importante não é o padre assumir as coisas e, sim, o povo do lugar [sic] (SEDOC, 1976, 553/565; 1978, 274).

A noção de liderança aparece com a ideia de que a Igreja é o espaço para o exercício de diversos papéis, superando as desigualdades de saber e de poder. Enquanto o povo se sente Igreja, ele vai descobrindo que os papéis estão mal distribuídos, daí a comparação com a terra e o céu, queridos por Deus não apenas para "uns poucos", mas um espaço de iguais, sem "mais alto" e nem "mais baixo". O processo de apropriação da Igreja por parte do povo dá-se na medida em que ele vai assumindo tarefas, desenvolvendo trabalhos, o que cresce juntamente com a distinção com aquilo que ele não "pode" fazer. E isso é possível enquanto existe a diferenciação de papéis, que é determinada pela oficialidade institucional, agravada por um modo de gerir o poder por meio de expropriação de outros papéis existentes e determinantes na comunidade, embora, muitas vezes, não institucionalizados. O povo reage frente a isso com o reforço de pessoas do povo com habilidades de dinamizar processos comunitários e com força para se contrapor ao estilo de poder reconhecido só pelo que é oficializado.

O modo como a base propõe que seja superado o impasse da liderança frente aquilo que realiza e o que está impedido indica a ênfase no basismo visto como solução. O que mostra que a base parece ser marcada de uma inclinação anarquista, redundando em um processo de indiferenciação, o que pode levar a uma impossibilidade de reconhecimento de identidade. Quem é quem na comunidade de base? Existem papéis diferentes ou tudo é todo mundo e todo mundo é tudo? Não dá para desconsiderar o processo de empoderamento do leigo dentro da instituição eclesial católica, mas daí a destituir os demais papéis de seu significado para o conjunto do grupo pode ser arriscado. De um possível processo de independência, passa-se a uma anarquia ou a um processo de replicação colonial em graus menores. Às vezes, há indício de que todos lideram de forma indiferenciada, mas também, às vezes, começam a constituir líderes que vão conduzindo o processo seguindo uma orientação centralizada. Sobre isso discorre um relato da base:

> Se somos a Igreja de Deus, se somos o povo de Deus, não podemos parar. Tem que continuar a marcha da Igreja, com o padre ou sem o padre. Nós pensamos que a marcha da Igreja tem que continuar através dos leigos escolhidos dentro do povo, com aceitação e confirmação da Diocese./ Assim seremos nós e temos que enfrentar a caminhada para a frente, sem os padres porque não são eles que formam a nossa comunidade./ Não vamos perder a fé, sem a presença dos padres. Devemos continuar firmes. Vai haver gente que assuma uma missão aqui. E eu confio na minha pessoa e na pessoa de meus irmãos que vão assumir compromissos./ Sem o chefe da casa a família tem que acabar? – Não! Então não vamos deixar morrer o que foi plantado nesses 5 anos de trabalhos./ Nós estamos fazendo a celebração da palavra cada domingo, será que não poderíamos também dar a comunhão? Nós estamos fazendo as 3 preparações dos batizados e dos noivos, por que (não) casar e batizar também? [sic] (SEDOC, 1975, 1066/1067/1111).

O discurso indica que o povo quer que seu direito de exercer liderança seja reconhecido pela oficialidade, pois sem isso ele não consegue atuar no campo eminentemente religioso da instituição, que é o culto e os seus símbolos. Quando se refere aos sacramentos, é indicado que esses não têm apenas o momento de oficiar no culto, mas inclui a preparação das pessoas que vão recebê-los e isso é feito pelos leigos da comunidade. Os questionamentos parecem indicar que haja certa formação de uma autoconsciência de ser povo de Deus dentro da Igreja, por isso também possuidor de sua força e de seu papel. O padre é o referencial de comparação que as pessoas têm. Como ele sempre foi oficializado como liderança, na medida em que o povo reconhece que em seu meio existem parceiros que podem também liderar, é a presença ou ausência do padre que é posta em questão. O esforço de comprometimento aparece como motivo para continuar o movimento de mudança e como justificativa de poder exercer funções, antes oficiadas pelo padre. Talvez, o que o povo questione do padre não é o papel que ele tem em si, mas o fato de que, em algumas experiências, o modo como esse papel é assumido pelo padre esquece os demais papéis, que são de leigos, e centraliza as decisões na figura do líder oficial.

Aparece de modo significativo a questão do reconhecimento oficial, tanto que parece haver a ideia de que a continuidade das CEBs dependeria da força dada pela hierarquia eclesiástica, pelo endosso da oficialidade. Isso questiona a importância que o povo dá às lideranças leigas; gente dele que assume papel de articulação e animação do movimento da vida da comunidade. Ele percebe que o modo como a instituição se organiza reflete diretamente nas CEBs e, de certo modo, limita a ação das lideranças. Então, seria o caso de ver como é que essas lideranças vão garantindo a força de sua ação e o que é fundamental ou não para se realizar.

Mesmo assim, na definição dos papéis, contrapondo ao papel que sempre foi preponderante, que é o do padre, a base corre o risco de desconsiderar o que é oficial e "oficializar" aquilo que vai sendo conquistado por ela. Daí o perigo de banalizar o empoderamento, afinal a conquista do saber e do poder não se deve ao fato de usurpação primária, sem finalidade maior, mas refere-se ao esforço de redesenhar a estrutura comunitária, superando as desigualdades e propondo um estilo participativo e envolvente, mas com diversos papéis importantes para constituir a comunidade. A existência de papéis diferentes não implica necessariamente em opressão e dominação, pois vai depender do modo como eles são exercidos. É por isso que há sempre o risco de constituir líderes do povo, que reproduzem em nível menor aquilo que é contestado pelo modelo de comunidade de base.

E esse modelo começa a se formar também quando emergem lideranças populares no interior da Igreja, reconhecendo a força do povo e articulando formas de se organizar que possam dar sustentação a essa força. Enquanto as lideranças oficiais vão dando espaço para que outras lideranças do povo atuem, essas vão também percebendo a importância dos papéis e passam a propor uma nova definição deles para que seja suplantada a centralização na figura do padre. Essa busca de descentralização fez com que o povo desenvolvesse habilidades em relação a questões antes presas ao líder oficial e começasse a se adiantar ao padre para garantir que pudesse fazer. Por isso a ideia de que a "pastoral é tarefa de todos" e que "agora nós é que preparamos e quando o padre chega já preparamos" (SEDOC, 1976, 263/460). Desenvolve-se uma ideia de povo capaz de fazer, de agir na comunidade, de celebrar, de liderar processos.

Os processos de engajamento e empoderamento também contribuem para a configuração de liderança popular. Crescendo a consciência da própria força e do poder de participação e decisão, destacam-se aqueles que, no meio do povo, possuem potencialidades de incentivo, ânimo, reflexão, liderança na caminhada. A capacidade de suscitar líderes entre si e de ajudá-los a exercerem o poder de forma adequada à realidade de comunidade de base é uma das características fortes das CEBs.

Esse tipo de liderança contrasta com situações que o povo enfrenta que denotam resíduo da centralização na figura do líder oficial. Como se viu alhures algumas vezes o povo fica sem saber o que fazer quando um líder se ausenta, como se houvesse a necessidade de ter sempre alguém que conduza o processo (cf. SEDOC, 1975, 1066/1067). E esse alguém nem sempre é o líder que surge do meio do povo, pois esse, muitas vezes, não encontra saída em seu meio, como afirmam: "Os grupos de reflexão precisam de acompanhamentos de fora. Precisam do roteiro. Nós não temos preparo para resolver as dificuldades" [sic] (SEDOC, 1976, 459). É como se a prática que ele realiza precisasse sempre de uma orientação externa à comunidade, diferente do grupo da base, o que demonstra que a concepção de liderança nas CEBs é conflituosa.

Pelo que a base relata, não obstante a grande relevância da formação de liderança para as CEBs, é muito forte os conflitos que surgem com a questão oficial e com o modelo de liderança que reproduz o modelo do sistema vigente, com caráter dominador e sem favorecer a participação de todos. Onde se localiza o problema, na base, na liderança que surge ou no sistema oficial? Será que a liderança que surge internaliza a perspectiva oficial dominante e não consegue conservar a ligação e o comprometimento com a base que a suscitou e de onde se origina? Esses questionamentos surgem devido ao modo divergente de configuração da liderança, pois, apesar do que propõe o modelo de CEBs e dos processos de engajamento e empoderamento da base, o autoritarismo persiste.

## 2.4. Não uma crítica unidirecional, mas uma dupla-crítica

O surgimento das CEBs é fator de grande relevância eclesial e é lido por Leonardo Boff como momento oportuno de reinvenção da Igreja desde a experiência concreta de fé do povo em uma nova configuração de poder (cf. BOFF, L. 1991). Ora, se a proposta é de uma nova configuração, então significa dizer que o que existia configurado como poder na Igreja Católica estava carecendo de revisão por fatores até já apontados antes na leitura do discurso da base. A revisão para ser feita supõe a crítica do que não está mais satisfazendo ou não responde ao momento vivido. Nesse ponto, percebo que no discurso da base surge um correspondente à crítica que não é percebido amiúde no discurso de assessores. À crítica feita é posta outra crítica que recai sobre o interno que critica. Seria como uma dupla-crítica, uma crítica que não se prende ao nível unidirecional.

É interessante perceber que, no discurso da base, ao mesmo tempo em que existe o entusiasmo com o que se abre com a novidade, os processos de engajamento, empoderamento e liderança existem também questões negativas que são também apontadas. Isto é, a crítica que surge não é apenas contra um lado, o dominante, mas é também dirigida ao interior, às pessoas da base. Como esta:

> Há certos patrões que querem que os meeiros dividam tudo com eles. Há também empregados que não são honestos com os patrões./ O marido é quem manda. A mulher não se libertou./ Também em casa, às vezes, a gente não tem direito de falar./ A gente não pode falar, nem se expressar. A mulher não é ouvida em casa. Ela não dá opinião nos negócios do marido. Quando uma moça erra, a culpa é só dela./ Um pouco é por falta nossa. A gente tem que se organizar, tentar construir uma comunidade organizada, com sua maquinariazinha e vendendo quando mais convém./ Só uns podem fazer isso. Não dá para segurar o produto até a melhor venda. A maioria de nós tem que vender ao primeiro comprador./ Os atravessadores não dão valor aos produtos que nos traz para vender e fica no mercado comprando tudo que nos traz por um pouco de dinheiro, diz que na CEASA tá tudo barato e nós fica com medo e vende aqui mesmo.

> O leigo ser responsável, ajuda muito a caminhada da comunidade. Aliás, o próprio leigo deve aprender a ceder a vez a outros leigos./ É bem verdade que, nesse novo se mexer de mais pessoas, há também ambiguidades: alguns que querem apenas se promover. Nessa ocasião o ritmo cai um pouco, mas precisam ficar firmes.../ Somos escravizados por quem tem (...) Somos escravizados por nós também: as coisas não estão boas e nós dizemos que estão; temos medo./ Todos nós somos pobres, mas somos desunidos. /O dirigente da comunidade pregava o Evangelho por um lado e desmanchava por outro [sic] (SEDOC, 1975, 1072-1073; 1976, 553-554; 1978, 273/283; 1981, 171).

O relatório indica que o povo não tem uma visão inocente de si próprio nem completamente demonizada do outro. Há um esforço de ter uma crítica que alcance todos os níveis e não seja unilateral. Mesmo no interior da comunidade, no meio do povo, existem desigualdades e contravalores. As pessoas de base, em sua fala, denunciam a desonestidade de alguns de si, o preconceito de gênero, que respalda a supremacia do marido em detrimento da mulher, que não opina e ainda pode ser culpabilizada sozinha por erros que envolvam o homem. Relatam a dificuldade que alguns têm de abrir espaços para outros, ocupando sozinho o que poderia ser preenchido por mais pessoas e ainda são movidos por interesses de autopromoção; o medo que impede de agir e a desunião que enfraquece a luta; a falta de coerência entre o falar e o agir por parte de quem exerce liderança na comunidade. Isso demonstra que nas comunidades parece haver uma consciência de processo, a noção de que a ação concreta tem limites e contradições internas, o que permite às pessoas perceberem suas deficiências e enunciá-las, quando podem dizer sua palavra. A comunidade de base não aparece como uma comunidade de pessoas puras, mas de gente limitada, que carrega consigo as marcas defeituosas da sociedade, desde o machismo até a corrupção.

Essa percepção presente no discurso da base não é uma constante no discurso dos assessores. Nesse se encontra uma crítica dirigida ao lado, que domina e quase uma completa ausência de crítica interna, um não reconhecimento de seus próprios erros e dos da comunidade, como se fosse possível sustentar inteiramente a inocência. A dupla-crítica que o povo tem pode ser um caminho importante para que ele desenvolva um percurso mais consciente de engajamento e empoderamento, sem pretensões ilusórias nem reproduções de domínios em níveis menores.

Por que o povo alcança essa forma de dupla-crítica? Provavelmente, porque ele não está aprisionado por uma visão colonialista às avessas: reação contestatória ao colonizador com afirmação da total inocência e isenção do colonizado com relação ao processo de colonização. Enquanto está vivendo seu cotidiano, desprovido de ilusões que direcionem seu modo de ver o mundo e as coisas, o olhar do povo tem maior flexibilidade e alcance, porque denuncia o que ocorre em termos de desigualdade, de domínio, de exploração dos pobres por parte dos ricos, dos colonizados por parte dos colonizadores, mas também é capaz de identificar e mostrar que o processo não tem um lado só, pois ele, o povo, faz parte do processo enquanto é subjugado, enquanto resiste à dominação e enquanto exerce a dominação sobre seus pares, reproduzindo entre si, no nível comunitário, o que sofre em nível social.

A opressão e exploração impõem condições de subalternidade para o povo, o que reclama emancipação, necessidade de libertação. Porém essa necessidade não faz do povo um sujeito ético acima de qualquer suspeita frente aos demais. Ele também pode se constituir em opressor e explorador, como acontece em diversas famílias que se sustentam num machismo cego, que oprime a mulher e nega-lhe a possibilidade de atuar com autonomia na família, na comunidade e na sociedade. A condição de oprimido dá ao povo o direito de lutar para sair dessa situação e confrontar-se com o opressor, mas não o exime do dever de ser ético em suas relações e não endossa nenhuma desonestidade, nem mesmo em relação a quem o oprime.

Se a caminhada possui percalços não é responsabilidade somente dos que se apropriam do poder e dominam o povo, pois, mesmo quando conquista espaços de participação e quando suscita e forma lideranças entre si, o povo se depara com gente sua que está na luta por desejo de aparecer, de se autopromover. A base relata que em seu meio há gente que consegue alcançar meios de participação, mas não é capaz de incluir mais companheiros, por isso se mantém em uma mesma posição por tempo indefinido, não deixando vez para outros; gente do povo que escraviza o próprio povo, reproduzindo os mecanismos de opressão do sistema e reintroduzindo o povo no círculo vicioso da dependência. Se antes ele não falava porque o padre não deixava e o mandava silenciar, quem faz isso com ele agora é seu vizinho, seu parente ou conhecido, que assumiu papel de liderança na comunidade e não lhe leva em conta.

O discurso da base tem esse diferencial importante da dupla-crítica e dá indícios de que há reação da parte do povo a certo colonialismo cultural, enunciado em grande parte dos discursos de assessores das CEBs. A capacidade de não se tornar alheio à crítica é bem específica para a base das comunidades, pois parece que ela não se envergonha de demonstrar em seus relatos que entre si existe gente que promove o envolvimento de todos e gente que usa o processo de libertação como demagogia e até incorre em práticas de opressão com seu próprio povo. Na dupla-crítica o povo demonstra um senso de realidade mais elaborado do que os assessores e pode, por isso, avançar mais na transformação de sua vida, estando mais atento às contradições comuns aos processos históricos e identificando o que é de sua responsabilidade ou de outrem, o que é problema estrutural, o que é possível e o que não é possível mudar. Será isso possível pela situação de fronteira, de entrelugar, na qual se encontra o povo da base? Como essa posição permite a elasticidade do olhar que alcança o lado externo da relação, sem perder de vista o lado interno, ainda que condicionado?

## 2.5. O senso de realidade e utopia

Saber como o povo se vê, como vê seu entorno e como visualiza o futuro de sua história ajuda a entender qual é o senso de realidade que ele tem e, se tem, qual a utopia. Pelos relatos, podemos observar que cresce a consciência de sua situação enquanto cresce a formação de comunidade de base. É a partir do modelo de CEBs que ele vai perceber a situação de desigualdade em que vive passando, de certo modo, lendo sua situação pelo viés da divisão da sociedade entre ricos e pobres. Assim ele fala:

> Esse trabalho da roça não dá para viver, só dá para ir vegetando a vida. Os pobres não têm mais condição de trabalhar para fazer lucro que dê para passar o ano./ Somente os ricos moram em casas boas (...) A maioria das casas daqui de Tacaimbó não tem fossa. Somente os ricos e os médios é que têm./ A consciência do povo é muito fraca. Tem gente que vive gavando o rico e o político por causa desses favores./ O pobre se acha sempre muito incapaz para muita coisa e coloca sempre a confiança no rico dizendo: "eu só me encosto numa árvore que dá sombra"./ Se o pobre desse vez a outro pobre a coisa podia mudar./ Os pobres não

> pensam que podem sair dessa situação em que vivem./ Muitos então não têm esperança e se conforma dizendo: tá bom assim, essa é a nossa parte, o que é que a gente quer mais... Tem pobre ainda que quer viver na miséria. Mas há também alguns que têm esperança de se unindo mudar as coisas. Muitos porém pensam que sem o rico o pobre não passa, mas a gente só não passa sem o poder de Deus./ Na Igreja só tinha lugar aqueles poderosos, os mais fortes. O pobre não tinha vez nem pelo menos de falar porque o próprio padre dava um psiu, que ele tinha de ficar calado [sic] (SEDOC, 1976, 260-262).

Algumas vezes o povo fala da dureza de sua vida e atesta que ali tem muita coisa errada, mas não identifica logo o que causa tudo isso. A maneira de descrever a realidade pelo viés da divisão pobre e rico carrega a leitura do povo de se ver como uma projeção invertida do que o rico é e tem (SEDOC, 1975, 1072-1075; 1976, 261s). A percepção da realidade em que vive começa a se formar a partir desse viés, mas não termina aí. Comparando o que eles não têm diante do que os ricos têm, os pobres vão descrevendo as desigualdades da sociedade e da comunidade. Eles mostram que há uma consequência direta da desigualdade social na comunidade eclesial que eles sentiram na própria pele, quando eram obrigados a se calar nas assembleias pelo próprio padre que não lhe dava vez, sendo que os poderosos, os mais fortes, os ricos é quem ocupavam lugar, tinham posição na Igreja.

Essa consciência de diferença de classe social e a influência disso na situação da vida do povo e da vida em comunidade mostra como a base não é alheia aos problemas da realidade e como não alimenta ilusões com relação ao que lhe pode acontecer e ao que pode alcançar com sua ação. Inclusive, quando relaciona seu trabalho, sua produção com o contexto maior de relações comerciais, o povo destaca: “Só tem valor o que nós compramos. Quando vendemos, nada vale.

O café é barato na hora em que vamos vendê-lo e caro na hora em que vamos comprá-lo. De todo jeito, estamos sujeitos aos bolsos dos grandes" [sic] (SEDOC, 1975, 1072). Ele declara que seu trabalho é condicionado por relações de mercado que, em si, já são desiguais, pois, mesmo no contrato de compra e venda, o produto tem valor diferente. O mesmo produto é valorado de forma diferente: se é vendido pelo pobre o café é barato, mas se é comprado por ele, o café é caro. E ele parece saber que as relações de compra e venda influenciam os preços, tanto que se declaram submetidos "aos bolsos dos grandes". Isto é, percebe que sua condição social, dentro da sociedade regida por relações mercantis, é relegada a um plano inferior comparada com a dos ricos, isso é apenas expressão de desigualdades mais profundas às quais os pobres estão submetidos.

Em uma consideração dos políticos que ganham eleições em cima de promessas feitas ao povo, em um discurso aparece: "Quanto a promessas só é como eles ganham, nós temos tantos problemas que quando eles prometem melhorá o nosso lugar então nós votamos neles para vê se as coisas melhoram" [sic] (SEDOC, 1978, 273). Isso nos mostra que não é de todo ingênuo o voto com base nas promessas dos políticos, pois existe a consciência de que as promessas chegam em um momento em que a situação comporta muitos problemas, e pelo desejo de resolvê-los, o povo se apega a elas para tentar sair da situação em que se encontra. Não é, simplesmente, por ser alienado que age assim, mas também por não encontrar saídas rápidas para suas dificuldades. Pelo que estamos vendo, a leitura das CEBs é de que a ação do povo é muito marcada pelo afã de transformação, mesmo que objetivamente suas escolhas indiquem grau de ingenuidade ou alienação.

Mesmo nas instâncias de organização do povo, não parece existir adesão ingênua, pois ele consegue ver quem realmente tem sua causa como importante. Como se pode ver neste relato:

> O Sindicato daqui não defende os direitos dos agricultores em lugar nenhum, nem tão pouco dá benefício de assistência. A assistência que dá é quando chega o dia de pagar. Ele só se interessa em levar velho para aposentar porque, de qualquer maneira, corre dinheiro para ele. /O Sindicato não está fazendo nada para os agricultores, como já foi visto antes, só querem aposentar velhos e receber o dinheiro dos associados. Nunca tivemos um convite do Sindicato. A gente vai lá só pra pagar. Não podemos ir na dele não porque ele só quer o nosso dinheiro. Como é que podemos discutir os nossos direitos. Houve a eleição, mas nós não fomos avisados e muita gente ficou por fora [sic] (SEDOC, 1978,274/276; 1981, 170).

Se o sindicato deveria ser um meio de engajamento social do povo trabalhador, então seria também ponto de apoio para sua luta e seu trabalho. Ao que indica essa fala da base, existe exploração mesmo ali e preocupação em segurar o povo para pagar a taxa de associação, sem lhe subsidiar na conquista de seus direitos. E o povo das CEBs parece entender que ali deveria ser o espaço do debate dos direitos do povo por ele mesmo, mas tem se constituído em lugar de luta por poder à revelia da participação do povo. Desse modo, além de fazer a leitura em nível maior da situação estrutural da sociedade, ele consegue identificar as deficiências nas próprias estruturas de participação popular na sociedade que estão corrompidas por mecanismos de corrupção e mazelas políticas.

A realidade do povo não é pintada de inocência pelas pessoas das comunidades. Elas demonstram, em algumas de suas falas, que a formação de comunidades de base lhes propiciou um crescimento de sua própria consciência e, por sua condição, permite-lhe enxergar a realidade com uma forte sensibilidade. Mas isso é acompanhado por um desejo de superação, de transformação de sua situação de subalternidade. O povo experimenta os limites de sua existência e consegue imaginar saídas para seus problemas; destas que são possíveis de alcançar no nível concreto e daquelas que são referenciais imaginários que lhes serve para compreender o que é impossível de superação no plano prático.

O primeiro obstáculo que é preciso superar é a própria consciência do povo que se encontra resignado à situação de opressão e exploração, muitas vezes habituado a olhar os grandes socialmente com admiração e confiança, enquanto se considera fraco e é incapaz de confiar em si mesmo. Isso não só é relatado em algumas falas do povo da base como ele enuncia que a mudança poderia ser mais rápida, se os pobres reconhecessem que a situação em que vivem não é natural, que é possível sair dela se o pobre "desse vez a outro pobre" [sic], pois mesmo que hajam aqueles que não têm esperança e não acreditam em si, há também os que confiam que a união de si pode mudar as coisas, mesmo que hajam os que não conseguem ver sua vida sem os ricos, há os que sabem que só não se pode ficar sem o poder de Deus (cf. SEDOC, 1976, 260-262).

A desigualdade social transposta para o meio da comunidade eclesial é percebida e contestada pelo povo. Desde que ele foi tomando consciência de sua própria força e ainda que lutando por assumir coordenação de festas religiosas, antes controladas pelos ricos, já deu início à luta por libertação, que é defendida e anunciada pelas comunidades de base. O fato de ele visualizar que no espaço sagrado do templo os poderosos têm lugar, enquanto ele não tem, é um indicativo do processo de formação da consciência e de como essa consciência é marcada pelo senso de realidade e também pela utopia.

O discurso da base apresenta o que o povo tem como utopia:

> O céu, Deus já conquistou para nós. No céu já temos o que a terra significa: liberdade e vida. O importante é que isso nos

> anime a lutar pela terra na terra (...) Nós somos herdeiros da terra porque somos filhos do Dono da terra. Deus quer a salvação de todos. A justiça humana é duvidosa. Deus nos deu a terra para todos e nós vivemos como exilados em nossa própria terra./ A vida na terra sem terra é um inferno. E aqui se fala não só da roça, mas também da cidade. A terra de Deus não é propriedade de um só. Negociar a terra não vem de Deus. Foi invenção do homem. Nós temos de lutar para ter a terra para nós todos. Não lutamos com o egoísmo e a ganância. Lutamos porque precisamos para uma sobrevivência./ O Reino de Deus começa na terra se a gente não se acomodar. A promessa dele é uma terra de fartura. O que nós fazemos na terra é garantia de vida futura como diz o Evangelho./ A luta pela terra é profundamente bíblica. Nossa fidelidade a Deus é lutar pela terra. Na Bíblia a terra é sempre uma coisa que Deus dá e que os homens conquistam. Abraão saiu de uma terra para uma terra nova. Moisés saiu da terra da escravidão para a liberdade. E assim por diante./ Ter terra é a gente ter direito a ter vez e voz. O ser humano pode viver sem a tecnologia, mas não vive sem a terra./ A Reforma Agrária é o primeiro passo para a terra na terra e no céu (...) A luta pela terra é profundamente importante porque pelo fato de sermos pequenos e pobres não quer dizer que já temos terra no céu. A conquista da terra é fundamental para todos./ Se não há partilha, há consequentemente marginalização, desespero e pecado [sic] (SEDOC, 1986, 481-82).

Ele demonstra a confiança em alguém que está para além das condições humanas e históricas e que tem poder sobre tudo que existe, pois é o "Dono da terra" [sic]. Este alguém, que é Deus, aparece como a razão última para a luta do povo por libertação nesta terra. Ali aparece a concepção de céu, como utopia, garantia e conquista de Deus para a humanidade e a terra como espaço para a luta animada por aquela utopia. No céu a vida e a liberdade encontram sua plenitude de realização e resumem o que a terra significa ou que deveria significar, ou talvez, o que significa viver na terra, que é com vida e liberdade. Esse é o projeto que deve orientar a vida do ser humano na terra, daí a constatação de que o povo pobre vive "exilado da terra" na própria terra, porque não tem encontrado nela espaço para viver em liberdade. A condição de povo dominado é, para a base das CEBs, agressão direta a sua vida, uma vez que sem liberdade não é possível viver com dignidade. Disso resulta que parece haver no discurso uma articulação do sentido de realidade com a utopia, como se a compreensão da situação em que vive surgisse com a noção dos limites para essa compreensão, os quais são superados a partir da formulação de uma visão de futuro que não pode ser abarcado pela história, a utopia.

Enquanto utopia, esse céu, ou esse Reino de Deus, é posto pela base nessa fala como tendo seu começo e não sua completa realização na terra, a partir do engajamento do povo na busca por libertação. A terra aparece como conceito transcendental, parece confundir-se com céu, na medida em que ela é compreendida como presente divino e tarefa, conquista humana, pois o Reino "começa na terra, se a gente não se acomodar". E os processos de tomada de posse da terra são vistos pela base como expressivos movimentos de participação do povo, que tem "direito a ter vez e voz" e superar as situações de escravidão, alcançando liberdade. Nessa luta pela terra, o pobre toma consciência de sua própria humanidade e de seu compromisso com a vida e a liberdade, pois não é por ser pequeno que ele já tem "terra no céu".

É relevante que o discurso da base demonstre que o povo tenha certo senso de realidade e utopia, enquanto o mesmo não ocorre com relevância no discurso de assessores. A condição de pobreza pode ser um ponto de sustentação desse realismo, pois a escassez pode ter ajudado a não cair em concepções de saídas ilusórias. O que podemos ver é que a vida vivida em meio à luta permite às pessoas das CEBs uma proximidade das condições históricas e uma sensibilidade para as influências dessas condições em sua própria prática. A experiência religiosa em comunidade não o conduz a uma falsa consciência da realidade ou à consciência de uma falsa realidade, mas o contrário ocorre, pois é a partir da experiência de fé que ele redescobre sua identidade de povo e sua condição humana enquanto povo, que tem direito de viver na terra sem privações causadas pela má configuração das relações humanas e sociais ou por relações sociais desiguais, por isso desumanas.

Se é no céu que o povo encontra o significado da terra, então parece que existe nas pessoas da base a imaginação utópica como recurso fundamental para encarar os limites históricos que são intransponíveis no nível concreto. O discurso da base, nas falas relatadas, não parece demonstrar que haja uma inclinação para a ilusão transcendental, pois é demonstrado que o povo tem presente os limites de sua ação, o que faz com que recorra a conceitos transcendentais para não cair na ilusão e se apegar a metas ilusórias. O uso do termo terra parece ter uma conotação de categoria transcendental, pois aponta para a realidade condicionada pelo tempo e o espaço onde o povo vive, mas também é transposicionado para além dessa realidade e dali serve como meio para ajudá-lo a vislumbrar o sentido para sua vida concreta. E isso não lhe é possível se ele não tiver *terra*, enquanto pedaço de chão para garantir seu sustento, para se localizar na terra, enquanto espaço de vida e liberdade.

Ao mesmo tempo em que terra aparece como noção categorial, a consciência da imaginação utópica serve para que as pessoas vejam o que foi feito da terra concretamente, uma vez que o desmantelo não é obra divina nem evolução natural, senão resultado de construções humanas, pois "negociar a terra não vem de Deus... foi invenção do homem" [sic]. A partir do sentido da realidade e da utopia, parece que o povo tem melhor condição de lidar com os limites da ação do que o intelectual ilustrado que, não olhando com realismo a formação das comunidades de base, termina caindo na ilusão transcendental e insinuando o mesmo para as CEBs, quando o que vemos é que a base pensa e age diferente, no que diz respeito a isso.

A percepção desse senso de realidade e da utopia no relato da base serve como mola propulsora para retomar o discurso da base nos temas fundamentais que ele enuncia, para problematizá-los e identificar melhor a diferença no discurso, seja com referência ao dos assessores, seja com referência ao próprio discurso da base, as diferenças internas.

## 2.6. Retomando os temas do discurso e suas diferenças

Como percebemos, parece que não existe uma linearidade no discurso da base, uma vez que os instrumentos de registro e divulgação não foram constantes na prática de publicar os relatórios feitos pelas comunidades e as falas do povo que apareciam nos encontros intereclesiais. Por causa disso, a tendência é percebermos que o discurso é circular e com densidades variadas, no que diz respeito aos temas que vão sendo abordados nos relatos. Isso parece ser uma peculiaridade de quem está em situação de fronteira, pelo fato de ver a partir das margens e a elas próprias, ver ao outro, em cuja relação produziu sua condição de entrelugar e ver a si próprio nas relações que tornam evidentes a condição de subalternidade e que evidenciam a internalização do dominador e reprodução em níveis menores daquilo que é sofrido no plano maior.

Objetivamente, a situação do povo das CEBs é, visivelmente, subalterna. Ele se vê na polaridade com quem é rico e tem poder e saber, considerando-se subalterno por não ter bens e desprovido de poder e de saber. Dessa visão, começa a surgir, para esse povo, uma compreensão de que existe irregularidade nisso tudo e que não é um dado natural, mas se trata de desigualdade social. Vendo a divisão do mundo entre pobres e ricos, ele começa a desenvolver a ideia de que é necessário superar essa divisão, e isso poderá ocorrer mediante a libertação de quem está sendo oprimido. No entanto isso não ocorre inicialmente de forma organizada e muito menos linear, pois parece que a consciência do povo vai se manifestando em um formar entre o ir e vir de opiniões, entre a adesão e a resistência, entre a formação e a deformação. É possível que se trate de um processo dialético, no qual as contradições não são obstáculos, mas caminho para compreender com maior clareza a condição de assimetria. Às vezes, ele se pronuncia como conformado em ser subalterno, às vezes, manifesta que essa situação precisa ser superada mediante um processo de empoderamento, às vezes, ele internaliza o colonizador que ele contesta e o reproduz nas relações com seus parceiros, e também, às vezes, consegue projetar relações de igualdades que sejam superação da desigualdade em que vive.

Aprendendo a compreender a sociedade em que vive como sociedade de classes e vendo a si como classe pobre, maltratada e explorada, o povo das CEBs, pelas falas da base que lemos, demonstra procurar a razão de sua fé e dá indícios de tê-la encontrado na luta para superar a situação de opressão. Ou seja, vivendo a fé em comunidade e compreendendo a história do povo da Bíblia como uma história de luta por libertação, a partir da fé em Deus, ele relata que reconheceu a si próprio na história que lia e passou a tentar viver concretamente sua vida como expressão daquilo que cria e aprendia em comunidade. Começa a ter expressão a tentativa de ligação da fé com a vida, sem ser desprovida das dificuldades de desdobrar concretamente essa ligação, pois não há indícios de que haja uma formação sistemática da consciência, mas essa vai sendo formada na medida em que as coisas vão acontecendo, sendo que ele vai compreendendo enquanto faz e vai retomando o que faz a partir da compreensão que vai tendo.

Pelo discurso da base, podemos aceder ao fato de que a história do povo vai sendo contada enquanto ele conta seus processos de superação do que está vivendo enquanto povo pobre, oprimido, desprovido de poder e de saber. Ele conta a si enquanto age para mudar a situação de desigualdade pretensamente naturalizada. E, nessa descrição de sua história, ele vai comunicando sua própria realidade de gente de comunidade de base e a visão de mundo que tem a partir disso.

Nesse discurso é patente que existe a diferença de poder e de saber, haja vista a luta por conquistar o direito de poder e de saber. Se o povo percebe que ele é pobre e oprimido, do ponto de vista econômico, também demonstra que lhe é usurpado o direito de expressar seu conhecimento, até mesmo quando se trata de questões relativas a sua própria libertação. Dentro do processo de formação de comunidade de base parece ter havido esforço para elevar a consciência do povo, torná-lo ciente da relação desigual a que ele estava submetido, mas isso não foi sempre adequado. Isso pelo fato de que havia uma tendência a considerar a necessidade de libertação como questão tácita e despender esforços por transformação, sem perguntar ao povo sua percepção e se ele, além de compreender o que estava ocorrendo, assumia a luta como sua. Por vezes, a luta era levada adiante sem uma efetiva tomada de consciência por parte das pessoas das comunidades, o que incorria em sérias resistências ao modelo de CEBs, devido ao fato de não saber bem do que se tratava.

Apesar das pessoas que viviam nas CEBs não estarem inteiramente cientes do movimento que estava nascendo, podemos concordar que a proposta de libertação era relevante, mas a metodologia utilizada para desdobrá-la repetia os mecanismos comuns à imposição e ao domínio. Por quê? Talvez por falta de senso de realidade, algo que foi, com maior vigor, demonstrado como sendo próprio do povo. No entanto, mesmo sendo considerada carente de formação, em seu discurso, a base demonstra compreender a situação e ter um ritmo próprio de assimilar a questão do esforço para transformar. É visível que a linguagem que tinha não expressava elaboração sofisticada como o discurso ilustrado, mas era portadora de um modo de ver o mundo e das percepções sobre si e seu entorno. Pelo visto, não se trata de gente sem conhecimento, mas gente dotada de um modo de conhecer capaz de decifrar a realidade e projetar sobre ela, ainda que em uma linguagem muitas vezes não sentenciada.

Não poucas vezes os assessores destacaram que havia uma tendência progressiva, nos encontros intereclesiais de CEBs, a enfatizar o caráter simbólico-celebrativo, enquanto era suplantado o debate sobre a questão social e análise da realidade. Isso não aparece tão forte no discurso da base, pois o que lemos é que enquanto a comunidade de base vai ganhando vitalidade e se caracterizando melhor, as pessoas envolvidas vão misturando a fé com a vida e isso é bem significativo no modo como eles discutem a realidade, enquanto discutem os problemas da comunidade, ou seja, a situação social em que vivem assume visibilidade enquanto é revestida de questão comunitária. É como se dentro da comunidade houvesse maior força para o debate e a realidade fosse mais bem percebida como discussão necessária para a vida.

Da parte do povo, pelo discurso, as questões sociais são postas como conteúdo de oração, de culto, e isso demonstra que, desse modo, ele consegue comunicar-se melhor. Não sendo dotado da linguagem acadêmica, recorre ao símbolo para elucidar melhor sua própria situação e seu entendimento dela. No discurso vimos até uma amostra de como os problemas enfrentados no campo social são transformados em prece e expressam a consciência que o povo tem do que não é bom para ele, por isso diz "livrai-nos, Senhor" e do que é bom, para o qual diz "obrigado, Senhor". O revestimento religioso da realidade social não a destitui da relevância que ela tem para ele, ou seja, é a partir desse recurso que lhe é possível tematizar aquilo que está vivendo, sem precisar transitar em caminhos de discurso desconhecidos ou até ininteligíveis. Como ele próprio diz: "A gente faz tanta coisa sem saber de nada" (cf. SEDOC, 1976, 563). Parece que há um saber que o rodeia que não é compreendido, mas, assim mesmo, ele age e é nesse processo que ele vai compreendendo que sua ação é importante, tem papel dentro da sociedade, ainda que não seja coadunada ao saber que ele não entende. Muitas vezes, resiste por não entender, mas não desiste de agir para entender, ou seja, é na prática que ele encontra caminho para suprir sua não compreensão da realidade, a despeito de um tipo de saber comunicado em linguagem, que não lhe é acessível.

Todo esse processo, ao que indicam os relatos, despertou o povo para sua força, por isso aconteceu o surgimento de pessoas que iam se destacando pelas qualidades de liderança na caminhada. Porém isso trouxe à tona a problemática do poder. O fato de contestar um poder dominador enquanto dominado e reconhecer que tem força não capacita esse dominado para gerir o poder de modo não impositivo. A independência não configura automaticamente um poder popular participativo, pois à medida que alcança o poder, mesmo o povo da base que propaga a importância da participação e se descobre com força para participar por causa disso, precisa aprender a gerir o poder de modo a não reproduzir o que estava sofrendo antes. De início, existe a grande tentação de pensar que transformar a realidade de dominação significa mudar a força dominadora de posição, solapá-la do dominador e passá-la ao dominado. Só que a própria base demonstra em seu discurso que isso não só não é um processo simples e tranquilo, como se faz ainda mais imperativo garantir que não haja apenas uma inversão de papéis, mas uma nova maneira de gerir o poder, uma maneira que considere todas as partes e envolva-as nos processos de debate e deliberação.

É a própria base que deixa aparecer em seu discurso os problemas ligados a essa questão da liderança que quer aparecer e não tem como projeto a causa maior da transformação da realidade e da promoção das pessoas, além de nem sempre ser coerente com aquilo que é propagado em grupo como princípio. Só que a problemática do poder recai sobre lideranças do povo, que se convertem em dominadores dele, e sobre as próprias pessoas da base, enquanto disputam espaço para participação na comunidade. Parece que o povo identifica que em seu meio há quem não seja capaz de dar a vez para o outro e queira lugar só para si, dando continuidade a processos de subalternização e silenciamento.

Junto a essa problemática, o discurso demonstra que o povo vislumbra a mudança de estruturas comunitárias e sociais, mas não tem clareza acerca de quais estruturas favoreceriam melhor a participação; daí o problema do oficial. A questão da oficialidade revela uma fissura no discurso da base, pois mesmo que haja discussão sobre a participação e o empoderamento, não menos forte é o desejo de ter respaldo oficial, seja pelo reconhecimento de quem tem o poder institucionalizado na Igreja ou pelo assumir de papéis, antes exercidos por representantes oficiais. Decifrar essa questão pode ser fundamental na discussão acerca da continuidade das CEBs ou mesmo de seu significado para o conjunto da instituição eclesial, em que elas se inserem e para a sociedade. Isso porque essas comunidades ganharam visibilidade dentro da instituição e na sociedade pelo estilo de organização da base e modo de liderança popular, e não pelo caráter de oficial.

Parece contraditório ver no discurso a afirmação de que "pastoral é tarefa de todos nós. Um pai de família tem suas ovelhas. Uma professora tem suas ovelhas. O dirigente de um grupo de reflexão tem suas ovelhas. Não é só o bispo que é pastor, não" (SEDOC, 1976, 460). O que pode levar a pensar que há uma nova maneira de assumir responsabilidades e que é pelo envolvimento e pela participação que cada um vai desenvolvendo sua consciência de responsável, de pastor dentro da comunidade, com papéis que se definem na prática. No entanto, apesar disso, a mesma base discursa em defesa dos papéis oficiais, reclamando como necessário para a evolução do processo que eles (o povo) possam assumir o que costumeiramente foi assumido por representantes oficializados. O que indica essa reclamação de oficialidade? Qual é o significado de ser oficial para a base das CEBs? Pelo que foi aduzido, essas comunidades redesenhariam as estruturas eclesiais, então qual é a importância dos diferentes papéis?

Dentro do problema de liderança está embutida a questão do poder e do saber, pois as pessoas que vão se destacando como líderes no meio das comunidades assim se tornam por mudanças no nível do poder e do saber. Crescendo em conhecimento da realidade e em condições de debater os próprios problemas e de apontar saídas, as lideranças vão definindo seu papel. E, enquanto isso vai ocorrendo, cresce também o desafio de que não haja deformação dessas lideranças no uso do poder e do saber, pois elas foram constituídas como tais com o objetivo de favorecer a solidificação do modelo participativo de comunidade de base.

No discurso, percebemos também que o povo tem senso de realidade e isso proporciona a ele o recurso da utopia como condição para que conheça melhor a realidade. É possível que isso tenha sido possível por causa da dupla-crítica que acompanha a leitura que ele vai fazendo do que vai acontecendo no processo da formação das CEBs. Essa dupla-crítica indica ter permitido ao povo sair da postura ingênua e ilusória, inserindo-o em uma prática flexibilizada de olhar, na qual a atenção recaía sobre a parte externa e interna da comunidade. Seu olhar não se direcionava apenas para as forças contrárias ao movimento da base, mas também para o próprio movimento, eximindo a base de toda pretensa inocência e reconhecendo seu caráter eminentemente histórico, por isso permeado de contradições, com possibilidade de êxitos e de frustrações.

Lidar com frustrações parece ser um problema bem frequente para os movimentos emancipatórios, característica própria também das CEBs. Em sua fala a base demonstra uma percepção mais realista do processo de transformação e enuncia as deficiências da prática e os fracassos da luta como elementos que não desmerecem por si o processo, mas como importantes para o aprendizado. Atuando dessa maneira, ela parece encontrar mais condição para não se perder em ilusões e ter presente o caráter histórico de sua ação. Talvez, isso lhe tenha sido acessível por sua situação de fronteira que a permitiu não restringir o olhar e dar-se conta que as questões de domínio e de desigualdade perpassam tanto a sociedade como a comunidade.

Talvez sem a dupla-crítica houvesse uma maior inclinação da base para repetir a linha de colonialidade e endossar a ilusão transcendental, embora não pareça estar completamente isenta. Mas uma questão é intrigante e já me referi anteriormente: por que a fala propriamente da base, com o tempo, desaparece do patamar das discussões sobre as CEBs? Por que a continuidade que ocorre é da reflexão de assessores e de produto dos encontros intereclesiais, mas com elaboração bem próxima do que os assessores desenvolvem? Pode ser que o povo, de tanto ouvir o discurso elaborado sobre as comunidades, tenha internalizado a perspectiva da assessoria e incorrido nos mesmos problemas que ele.

Diante do que vimos, faz-se patente a distinção entre os discursos, pois um provém das bases e poderia ser considerado como o discurso *das* CEBs, e outro provém de uma categoria de atores que estão ligados à base e produzem um discurso *sobre* as CEBs. Mesmo assim, dentro de cada grupo, não dá para prescindir do fato de que as linhas de reflexões têm certa diacronia e, algumas vezes, parecem ser até antagônicas, o que referenda o problema da diferença. Perceber que existe diferença é relevante também pela tendência a apresentar o discurso de CEBs como sendo um só, o que dificulta uma leitura mais realista.

# CONSIDERAÇÕES FINAIS

Este livro é uma crítica interna de recorte dialético que se insere no universo de críticas às práticas pastorais das CEBs, especificamente ao que é comunicado pelo discurso de assessores e do povo da base dessas comunidades. Aqui fizemos um caminho de aproximação do fenômeno por meio de uma mediação importante para as relações humanas e sociais, que é o discurso.

Além de tematizar a realidade CEBs pelos discursos, procuramos retomá-los para avaliar suas pretensões. Por exemplo, o fato de ter como tácito que as comunidades de base sejam efetivamente como os discursos as apresentam; ou talvez, a ideia de que os discursos apresentados formem um único discurso, prescindindo das devidas diferenças em si mesmo e no que diz respeito às práticas pastorais.

Entre os problemas levantados nos discursos está a tendência a tomar o desejado como o que pode acontecer concretamente, sem levar em conta que existam distinções claras entre o que é real, o desejado e aquilo que é possível. E nisso está a confusão entre o espírito que fez surgir as CEBs e as anima no dia a dia de suas práticas e as estruturas organizacionais dessas experiências, com limitações próprias de qualquer nível de estrutura, com um mínimo de organização. Isso mostra que a nenhum dos tipos de atores pode ser imputada qualquer neutralidade no que tange aos condicionamentos de suas interpretações.

Há uma aproximação colonial, assim como pudemos ver, a qual é decorrente da diferença de lugares, pois a perspectiva de imposição não deixa de existir só porque ela deixa de ser truculenta para ser persuasiva, ou porque ela é sinceramente emancipatória. O lugar do povo e o lugar do assessor são elementos importantes porque são determinantes no modo de compreender mesmo a ideia de emancipação. Quem não está ligado à experiência cotidiana corre o risco de assumir como caminho necessário algo que está desligado da realidade e não vê os limites concretos. Ou seja, outra vez a influência da visão de história moderna com suas promessas de redenção. Embora dotada de proposta boa, a assessoria, em sua maioria, não se livrou da adesão a essas promessas da modernidade, principalmente quando demonstra adotar uma visão de história linear e apresenta a libertação como possível de realização plena mediante as lutas concretas do povo.

Desde a problematização dos discursos isso aparece, pois a percepção dos temas trouxe junto os problemas inerentes à composição deles. Seja a interação da fé com a vida, a questão do engajamento e do poder, o problema da liderança, o senso da realidade e da utopia, todos trazem consigo nuances relacionadas à marca da visão de história e a influência do lugar. Isso foi possível no estudo a partir da noção de dupla-crítica como viés importante para a construção de um discurso adequado à práxis. Enquanto a maioria dos discursos sobre as CEBs empreendia uma crítica unilateral, apontando apenas para o lado exterior das comunidades, prescindindo das responsabilidades delas com os problemas de suas práticas, a pretensão de neutralidade aparecia. Mas, quando emergiu em alguns assessores e no discurso da base, em sua maioria, uma crítica duplamente direcionada, levando em conta o exterior e o interior das comunidades, foi possível trazer à tona que estávamos diante de discursos diferentes, relacionados, mas divergentes.

Desse modo, o problema da ilusão transcendental que se encontra no discurso sobre as CEBs e, às vezes, no discurso da base, é algo bem relevante porque ela atinge diretamente as práticas pastorais. Guiando-se pela ilusão transcendental, as comunidades de base levarão a termo uma prática sacrificial completamente incompatível com seus princípios e sua utopia do Reino de Deus. E aqui é que está algo que caracteriza bem a diferença entre os dois tipos de discursos, pois a insistência na ilusão transcendental é sinal da ausência de senso da realidade e de seus limites, o que pode ser superado na inserção cotidiana da prática pastoral. O povo da base demonstrou ter mais senso de realidade e imaginação utópica, justamente porque ele tem a vida concreta das comunidades como experiência cotidiana, o que lhe ajuda a ter presente os limites da ação e a importância da utopia como recurso epistemológico fundamental para a continuidade de sua prática.

# REFERÊNCIAS BIBLIOGRÁFICAS


ASSMAN, Hugo (1976). *Teología desde la práxis de la liberación*. Salamanca: Sígueme.

________ (1986). *CEBs: Quando a vivência da fé remexe o senso comum dos pobres*. In: Revista Eclesiástica Brasileira, vol. 46, fasc. 183. Petrópolis: Vozes. P. 561-568.

________ & HINKELAMMERT, Franz (1989). *A Idolatria do Mercado*. Petrópolis: Vozes.

________ (1998) *Reencantar a Educação: rumo à sociedade aprendente*. 2. ed. Petrópolis: Vozes.

________ (1999) Teologia e Ciências; Interdisciplinaridade e transdiciplinaridade. In: SUSIN, Luis Carlos (1999). *Mysterium Creationis: um olhar interdisciplinar sobre o universo*. São Paulo: Paulinas. P. 85-101.

________ & SUNG, Jung Mo (2010). *Deus em nós: O Reinado que acontece no amor solidário aos pobres*. São Paulo: Paulus.

BAKKER, N. J. (1997). *CEBs na "estação da seca"*. In: Revista Eclesiástica Brasileira, vol. 57, fasc. 225. Petrópolis: Vozes. P. 70-81.

BAUMAN, Zygmunt (1998). *O Mal-Estar da Pós-Modernidade*. Rio de Janeiro: Jorge Zahar Editor.

________ (1999). *Globalização: As consequências humanas*. Rio de Janeiro: Jorge Zahar Editor.

BAUMAN, Zygmunt (2001). *Modernidade Líquida*. Rio de Janeiro: Jorge Zahar Editor.

________ (2003). *Comunidade: A busca por segurança no mundo atual*. Rio de Janeiro: Jorge Zahar Editor.

________ (2005). *Identidade*. Rio de Janeiro: Jorge Zahar Editor.

BETTO, Frei (1981). *O fermento na massa: o IV Encontro Intereclesial das Comunidades Eclesiais de Base*. Petrópolis: Vozes.

________ (1983). *As Comunidades Eclesiais de Base como Potencial de Transformação da Sociedade Brasileira*. In: Revista Eclesiástica Brasileira, vol. 43, fasc. 171. Petrópolis: Vozes. P. 494-503.

________ (1985) *O que é Comunidade Eclesial de Base*. São Paulo: Abril Cultural/ Brasiliense, [Coleção Primeiro Passos].

________ (1986). *As CEBs e o Projeto Político Popular*. In: Revista Eclesiástica Brasileira, vol.46, fasc. 183. Petrópolis: Vozes. P. 578-590.

BHABHA, Homi K (2007). *O Local da Cultura*. 4ª reimp. Belo Horizonte, Editora UFMG.

BOFF, Clodovis (1980). *CEBs e Práticas de Libertação*. In: Revista Eclesiástica Brasileira, vol. 40, fasc. 160. Petrópolis: Vozes. P. 595-625.

________ (1981). *Uma Igreja Popular: impressões de uma visita pela Igreja de Crateús (CE)*. In: Revista Eclesiástica Brasileira, vol. 41, fasc. 164. Petrópolis: Vozes. P. 728-744.

________ (1982). *"E Uma pedrinha Soltou-se..." As bases do Povo de Deus*. In: Revista Eclesiástica Brasileira, vol. 42, fasc. 168. Petrópolis: Vozes. P. 660-687.

________ (1983). *Crônica Teológica do V Encontro Intereclesial de Comunidades de Base (Canindé, CE, 4 a 8.7.1983)*. In: Revista Eclesiástica Brasileira, vol. 43, fasc. 171. Petrópolis: Vozes. P. 471-493.

________ (1986a). *Em que Ponto estão Hoje as CEBs?* In: Revista Eclesiástica Brasileira, vol.46, fasc. 183. Petrópolis: Vozes. P. 527-538.

BOFF, Clodovis (1986b) *Comunidade de base-comunidade política: ensaios de eclesiologia política*. Petrópolis: Vozes.

________ (1997), et. al. *As Comunidades de Base em Questão*. São Paulo: Paulinas.

BOFF, Leonardo (1977). *Eclesiogênese: Comunidades Eclesiais de Base reinventam a Igreja*. Petrópolis: Vozes.

________ (1978). *Igreja, Povo que se Liberta: III Encontro Intereclesial de Comunidades de Base em João Pessoa*. In: Revista Eclesiástica Brasileira, vol. 38, fasc. 151. Petrópolis: Vozes. P. 503-507.

________ (1981). *Comunidades Eclesiais de Base: povo oprimido que se organiza para a libertação*. In: Revista Eclesiástica Brasileira, vol. 41, fasc. 162. Petrópolis: Vozes. P. 312-320.

________ (1983). *CEBs: A Igreja inteira na base*. In: Revista Eclesiástica Brasileira, vol. 43, fasc. 171. Petrópolis: Vozes. P. 459-470.

________ (1986) *A Colegialidade de Todo o Povo de Deus: Uma interrogação a partir da prática*. In: Revista Eclesiástica Brasileira, vol. 46, fasc. 183. Petrópolis: Vozes. P. 650-657.

________ (1988) *O caminhar da Igreja dos oprimidos*. Petrópolis: Vozes.

________ (1989) *CEBs: Que Significa "Novo Modo de Toda a Igreja Ser"?* In: Revista Eclesiástica Brasileira, vol. 49, fasc, 195. Petrópolis: Vozes. P. 546-562.

________ (1991) *E a Igreja se fez povo, eclesiogênese: a Igreja que nasce da fé do povo*. 3.ed. Petrópolis: Vozes.

________ (1996) *Teologia da Libertação: balanço e perspectivas*. São Paulo: Ática.

CAVALCANTI, Tereza Maria (1987). *Sobre a Participação das Mulheres no VI Encontro Intereclesial de CEBs*. In: Revista Eclesiástica Brasileira, vol. 47, fasc, 188. Petrópolis: Vozes, P. 803-819.

COMBLIN, José (1968a). *O Provisório e o Definitivo*. São Paulo, Editora Herder.

COMBLIN, José (1968b). *Os sinais dos tempos e a evangelização.* São Paulo: Duas Cidades.

_________ (1990). *Algumas Questões a partir da Prática das Comunidades Eclesiais de Base no Nordeste.* In: Revista Eclesiástica Brasileira, vol. 50, fasc. 198. Petrópolis: Vozes. P. 335-381.

_________ (1992). *O tempo da ação: ensaio sobre o espírito e a história.* Petrópolis: Vozes.

_________ (2000). *A Igreja e o mundo dos excluídos.* In: Vida Pastoral. São Paulo: Paulus, n. 211. P. 11-15.

_________ (2001). *Pastoral Urbana, o dinamismo na evangelização.* Petrópolis: Vozes.

_________ (2002). *O Povo de Deus.* São Paulo: Paulus.

FERNANDES, Dom Luis (1986). *Como se faz uma comunidade eclesial de base.* 5. ed. Petrópolis: Vozes.

FERNANDES, Luís Gonzaga (1981). *Gênese, Dinâmica e Perspectiva das CEBs do Brasil.* In: Revista Eclesiástica Brasileira, vol. 42, fasc 167. Petrópolis: Vozes. P. 456-464.

FERNANDES, Sílvia Regina Alves (2009). *Novas Formas de Crer: católicos, evangélicos e sem-religião nas cidades.* São Paulo: Ceris/Promocat.

GUTIÉRREZ, Gustavo (1981). *A Força Histórica dos Pobres.* Petrópolis: Vozes, 1981.

HINKELAMMERT, Franz (1983). *As armas ideológicas da morte.* São Paulo: Paulinas.

________ (1995). *Sacrifícios humanos e sociedade ocidental.* São Paulo: Paulus.

________ (2002). *Crítica de la Razón Utópica: Edición ampliada y revisada.* [Coleção Palimpsesto: Derechos Humanos Y Desarrollo]. Bilbao (ES): Desclée de Brouwer.

HOORNAERT, Eduardo (1978). *Comunidades de Base: Dez Anos de Experiência.* In: Revista Eclesiástica Brasileira, vol. 38, fasc. 151. Petrópolis: Vozes. P. 474-502.

HOORNAERT, Eduardo (1981). *As Comunidades de Base e a Religião Popular*. In: Revista Eclesiástica Brasileira, vol. 41, fasc. 164. Petrópolis: Vozes. P. 672-680.

LIBÂNIO, J. B (1977). *Teologia no Brasil: reflexões crítico-metodológicas*. In: Perspectiva Teológica, Belo Horizonte, vol. 9, p. 27-79.

________ (1981). *Igreja: Povo Oprimido que se Organiza para a Libertação*. In: Revista Eclesiástica Brasileira, vol. 41, fasc. 162. Petrópolis: Vozes. P. 279-311.

________ (1986). *CEBs: Igreja em Busca da Terra Prometida*. In. Revista Eclesiástica Brasileira, vol.46, fasc. 183. Petrópolis: Vozes. P. 489-511.

________ (1987). *Articulação entre Teologia e Pastoral: a propósito de uma experiência concreta*. In: Perspectiva Teológica. Belo Horizonte, vol. 19, P. 321-352.

________ (1989). *VII Encontro Intereclesial das CEBs: Povo de Deus na América Latina a Caminho da Libertação*. In: Revista Eclesiástica Brasileira, vol. 49, fasc, 195. Petrópolis: Vozes, P. 515-534.

________ (1992). *VIII Encontro Intereclesial das CEBs (Eventos no Evento)*. In: Revista Eclesiástica Brasileira, vol. 52, fasc. 200. Petrópolis: Vozes. P. 789-800.

________ (1993). *O que é Pastoral*. São Paulo: Brasiliense. [Coleção Primeiros Passos].

________ & ANTONIAZZI, Alberto (1994). *Vinte anos de teologia na América Latina e no Brasil*. Petrópolis: Vozes.

________ (1997). *O IX Encontro Intereclesial das CEBs*. In: Revista Eclesiástica Brasileira, vol. 57, fasc. 228. Petrópolis: Vozes. P. 787-810.

________ (1999). Teologia e interdisciplinaridade: questões metodológicas no diálogo com as ciências. In: SUSIN, Luiz Carlos. *Mysterium Creationis: um olhar interdisciplinar sobre o universo*. São Paulo: Paulinas. P. 11-43.

LIBÂNIO, J. B (2000a). *O X Encontro Intereclesial de CEBs.* In: Revista Eclesiástica Brasileira, vol. 60, fasc. 238. Petrópolis: Vozes. P. 540-556.

________ (2000b). *O X Encontro Intereclesial de CEBs.* In: Revista Eclesiástica Brasileira, vol.60, fasc.239. Petrópolis: Vozes. P. 540-556.

________ (2000c). Religião e teologia da libertação. In: Susin, Luis Carlos. *Sarça ardente: teologia na América Latina: prospectivas.* São Paulo: Paulinas. P. 79-44.

________ (2000d). *Igreja Contemporânea. Encontro com a Modernidade.* São Paulo: Loyola.

________ (2001). *As Lógicas da Cidade.* São Paulo: Loyola.

________ (2003). *Olhando para o futuro.* São Paulo: Loyola.

OLIVEIRA, Manfredo Araújo de (1986). *CEBs e Constituinte: Um Desafio à Modernidade.* In: Revista Eclesiástica Brasileira, vol. 46, fasc. 183. Petrópolis: Vozes. P. 601-610.

________ (1989). *As CEBs e os Dilemas do Processo de Democratização.* In: Revista Eclesiástica Brasileira, vol. 49, fasc, 195. Petrópolis: Vozes, P. 563-572.

OLIVEIRA, Pedro A. R. de (1981a). *Oprimidos: A Opção pela Igreja.* In: Revista Eclesiástica Brasileira, vol. 41, fasc. 164. Petrópolis: Vozes. P. 643-650.

________ (1981b). *Realizar Igreja Hoje: As CEBs.* In: Revista Eclesiástica Brasileira, vol. 41, fasc. 164. Petrópolis: Vozes. P. 654-659.

________ (1987). *Comunidade, Igreja e Poder (Em busca de um conceito sociológico de "igreja").* In: Revista Eclesiástica Brasileira, vol. 47, fasc. 186. Petrópolis: Vozes, P. 299-319.

________ (1990). *CEBs: Estrutura ou Movimento?* In: Revista Eclesiástica Brasileira, vol. 50, fasc. 200. Petrópolis: Vozes, P. 930-940.

OLIVEIRA, Pedro A. R. de (1992). *Igreja e Modernidade: O Caminho das CEBs.* In: Revista Eclesiástica Brasileira, vol. 52, fasc. 200. Petrópolis: Vozes, P. 814-820.

________ (org) (1997). *CEBs, massa e minorias e a questão dos sacramentos.* In: BOFF, Clodovis, et. al. *As grandes Comunidades de Base em Questão.* São Paulo: Paulinas.

________ (1999). *O Catolicismo: das CEBs à Renovação Carismática.* In: Revista Eclesiástica Brasileira, vol. 59, fasc. 236. Petrópolis: Vozes, P. 823-835.

________ (2004) *Fé e Política: fundamentos.* Aparecida: Ideias e Letras.

________ (2008) *Lideranças de CEBs no Brasil; um estudo comparativo – 1981-2000-2005.* In: Memória e Caminhada: Revista de Estudos sobre as Comunidades Eclesiais de Base. Brasília: UCB. P. 5-19.

PAIVA, José Maria de (1993). *O Diferente da Práxis Educativa das Comunidades Eclesiais de Base.* In: Revista Eclesiástica Brasileira, vol. 53, fasc. 211. Petrópolis: Vozes, P. 616-630.

PLOEG, Roberto Van der (1986). *A Festa das Tendas: Reflexões teológicas a partir do VI Encontro Intereclesial.* In: Revista Eclesiástica Brasileira, vol. 46, fasc. 183. Petrópolis: Vozes. P. 547-560.

________ (1991). *As CEBs na Fase da Adolescência (Reflexões sobre a Igreja dos Pobres a partir do VII Encontro Intereclesial).* In: Revista Eclesiástica Brasileira, vol. 51, fasc. 201. Petrópolis: Vozes. P. 29-64.

ROSSI, Luiz Alexandre S (2002). *Messianismo e Modernidade: Repensando o messianismo a partir das vítimas.* São Paulo: Paulus.

SANTOS, Carlos César dos & MOREIRA, Gilvander Luís (2005). *CEBs: Memória e Utopia. Reflexões a partir do 11º Intereclesial.* In: Revista Eclesiástica Brasileira, vol. 65, fasc. 260. Petrópolis: Vozes, P. 874-899.

SERVIÇO DE DOCUMENTAÇÃO [SEDOC] (1975). Volume 07. N. 81. Petrópolis, Vozes.
________ (1976). Volume 09. N. 95. Petrópolis, Vozes.
________ (1978). Volume 11. N. 115. Petrópolis, Vozes.
________ (1979). Volume 11. N. 118. Petrópolis, Vozes.
________ (1981). Volume 14. N. 144. Petrópolis, Vozes.
________ (1983). Volume 16. N. 165. Petrópolis, Vozes.
________ (1986). Volume 19. N. 196. Petrópolis, Vozes.
________ (1989). Volume 22. N. 217. Petrópolis, Vozes.
________ (2000). Volume 33. N. 282. Petrópolis, Vozes.
________ (2005). Volume 38. N. 311. Petrópolis, Vozes.
SOUZA, Marcelo de Barros (1986). *Uma Grande Festa de Compromisso (A Liturgia no VI Encontro Intereclesial).* In: Revista Eclesiástica Brasileira, vol. 46, fasc. 183. Petrópolis: Vozes. P. 539-546.
________ (1989). *Quando Celebração e Vida se Confundem: A liturgia no 7º encontro intereclesial das CEBs.* In: Revista Eclesiástica Brasileira, vol. 49, fasc. 195. Petrópolis: Vozes, P. 535-545.
SOUZA, Luis Alberto Gomes de (1981). *A Política Partidária nas CEBs.* In: Revista Eclesiástica Brasileira, vol. 41, fasc. 164. Petrópolis: Vozes. P. 708-727.
________ (1986). *O Lento e Penoso Aprendizado da Prática Democrática (Anotações a partir do VI Encontro Intereclesial de Trindade).* In: Revista Eclesiástica Brasileira, vol.46, fasc. 183. Petrópolis: Vozes. P. 591-600.
________ (1992). *Centralização ou pluralidade? O caminho criativo das CEBs.* In: Revista Mutações Sociais. Rio de Janeiro, n. 1. P. 5-11.
________ (2000). *As CEBs vão bem, obrigado.* In: Revista Eclesiástica Brasileira, vol. 60, fasc. 237. Petrópolis: Vozes, P. 93-110.
________ (2003). *A Utopia surgindo no meio de nós.* Rio de Janeiro: Mauad.

SOUZA, Luis Alberto Gomes de (2004). *Do Vaticano II a um novo concílio? O olhar de um cristão leigo sobre a Igreja*. São Paulo: Loyola.

SUNG, Jung Mo (1992). *Deus numa Economia sem coração: pobreza e neoliberalismo: um desafio à evangelização*. São Paulo: Paulus.

________ (1996). *A massa dos excluídos e sua organização*. In: Texto-base do IX Intereclesial. CEBs: vida e esperança nas massas. São Paulo: Editora Salesiana Dom Bosco. P. 81-88.

________ (2002). *Sujeito e Sociedades Complexas: Para repensar os horizontes utópicos*. Petrópolis: Vozes.

________ (2005). *Sementes de Esperança: a fé em um mundo em crise*. Petrópolis: Vozes.

________ (2006). *Educar para reencantar a vida*. Petrópolis: Vozes.

________ (2008a) *Teologia e Economia – Repensando a Teologia da Libertação e as Utopias*. São Paulo: Fonte Editorial.

________ (2008b). *Cristianismo de libertação: fracasso de uma utopia?* In. *Estudos Teológicos*. São Leopoldo: EST. Ano 48, n. 1. P. 39-63.

________ (2008c). *Cristianismo de Libertação – Espiritualidade e luta social*. São Paulo: Paulus.

TEIXEIRA, Faustino Luiz Couto (1987). *A fé na vida: um estudo teológico-pastoral sobre a experiência das Comunidades Eclesiais de Base no Brasil*. São Paulo: Loyola.

_________ (1988a). *Gênese das CEBs no Brasil: Elementos explicativos*. São Paulo: Ed. Paulinas.

_________ (1988b). *Comunidades Eclesiais de Base*. Petrópolis: Vozes.

_________ (1996). *Os Encontros Intereclesiais de CEBs no Brasil*. São Paulo: Paulinas.

WANDERLEY, Luiz Eduardo W (1981). *Comunidades Eclesiais de Base (CEBs) e Educação Popular*. In: Revista Eclesiástica Brasileira, vol. 41, fasc. 164. Petrópolis: Vozes. P. 686-707.

# ÍNDICE

Este livro foi composto com as famílias tipográficas Adobe Caslon e Cinzel
e impresso em papel Offset $75g/m^2$ pela **Gráfica Santuário.**